SABINE ASGODOM

So coache ich

SABINE ASGODOM

So coache ich

35 überraschende Impulse, mit denen Sie erfolgreicher werden

Komplett überarbeitete und erweiterte Neuausgabe

KÖSEL

MIX
Papier | Fördert gute Waldnutzung
FSC® C083411
FSC www.fsc.org

Penguin Random House Verlagsgruppe FSC® N001967

11., komplett überarbeitete und erweiterte Auflage 2024

Umschlag: zero-media.net, München
Umschlagmotiv: © Quirin Leppert
Satz: Satzwerk Huber, Germering
Druck und Bindung: CPI books GmbH, Leck
Printed in the E.U.
ISBN 978-3-466-34831-2

www.koesel.de

Inhalt

Was ist eigentlich Coaching?

Ich verrate euch hier die ungeschminkte Wahrheit übers Coachen. Haltet euch fest!! Schaut mit mir hinter verschlossene Türen. Coaching ist der Hammer!

Zwei Menschen sitzen sich gegenüber und reden.

Der eine sagt was, der andere fragt was.

Daraufhin sagt der andere wieder was.

Dann schweigen sie.

Dann sagt der eine wieder was, der andere antwortet.

So reden sie, manchmal stundenlang.

Manchmal geht einem ein Licht auf. Und er redet über sich.

Der andere hört aufmerksam zu. Hält die Klappe.

Manchmal vergessen sie Zeit und Welt um sich, sind wie in Trance.

Manchmal schreibt der eine was, manchmal zeichnet der andere was.

Manchmal provoziert der eine ein bisschen. Und der andere kapiert was.

Manchmal lacht einer, manchmal fließen auch Tränen.

Manchmal sieht der eine plötzlich wichtige Zusammenhänge.

Manchmal gehen sie zwischendurch eine Runde spazieren.

Manchmal fühlt sich jemand ermutigt, etwas zu wagen.

Dann erstellen sie manchmal eine To-do-Liste.

Dann geht der eine nach Hause und tut was von der To-do-Liste.

Der andere lüftet den Raum und stellt die Wassergläser und Kaffeetassen in die Spülmaschine. Wow, Action!

Das ist Coaching. Es hilft Menschen, Lösungen oder zumindest Erkenntnisse zu finden. Es bringt sie zum Nachdenken.

In Coachings sprechen Menschen erstmals Dinge aus, die sie belastet haben oder die ihren tiefsten Wünschen entspringen. Und die Last rutscht von den Schultern.

Menschen entwickeln das Selbstvertrauen, ihre Wünsche zu äußern oder Konflikte zu lösen.

Manche machen danach Minimäuseschritte, andere wagen den großen Sprung.

Manche lernen zu verstehen und manchmal sogar zu verzeihen, sich selbst oder anderen.

Manche sind inspiriert und voller Pläne.

Manche versöhnen sich mit sich und ihrem Leben.

Alle haben jetzt eine Ahnung, wie sie selbst auf Lösungen kommen können.

Echtes Coaching klingt für Außenstehende vielleicht langweilig und unspektakulär. Weil sie kein Bild davon haben. Für die Menschen, die sich coachen lassen, kann es die Welt verändern.

Deshalb ist die Arbeit als Coach mehr als ein Job, es ist tiefe Freude und Erfüllung.

Diese Gedanken über Coaching habe ich im Frühjahr 2024 spontan aufgeschrieben. Vorausgegangen war eine öffentliche Diskussion um umstrittene »Life-Coaches«, die in Massenveranstaltungen mit Tausenden von Menschen oder in digitalen Großgruppen Erweckungserlebnisse propagieren und über umstrittene Gruppendynamiken Menschen verändern wollen.

Das ist meiner Ansicht nach kein Coaching. Es ist entweder Entertainment, verbunden mit Kaufanreizen für hohe Umsätze, oder emotionsgeladene Massensuggestion. Beides hat nichts mit Coaching zu tun.

Ich kenne die Unterschiede, denn ich bin seit 30 Jahren auch Rednerin und habe selbst schon Vorträge vor 15 000 Zuhörerinnen* gehalten. Aber das nennt sich eben Vortrag.

Ich bin auch seit 30 Jahren Management-Trainerin und habe Zehntausende von Teilnehmerinnen in Seminaren gehabt. Das nennt sich Training.

Es ist nicht unsere Aufgabe als Coach, unseren Klientinnen einzureden, dass sie sicher alles erreichen werden, was sie sich wünschen. Das ist vielleicht ein probates Mittel eines Sport-Coaches, der seine Athletin oder seinen Spieler anfeuert: »Du schaffst das, quäl dich! Renn dir die Lunge aus dem Leib, gib alles ...!« Dieses Anfeuern findet sich in den Großveranstaltungen, in denen die selbsternannten Life-Coaches mit Massensuggestion ihre Anhänger aufpeitschen. Die dann völlig entrückt einige Stunden lang ihre vermeintliche Großartigkeit erleben. Leider hält das Gefühl im Alltag nicht lange an. Und dann brauchen sie eine erneute Dosis Größenwahn. Die nur der große Meister, die entrückte Heilerin ihnen geben kann. Damit schaffen sich diese Coach-Verführer Abhängige auf Lebenszeit.

Die Rolle von uns Coaches – in dieser vertrauensvollen Beziehung des Fragens und Antwortens, des Schwäche-zeigen-Dürfens und Stärken-erkennen-Könnens – ist eine andere. Wir haben keine eigene Absicht, wenn wir coachen! Wir geben in der Zeit des Coachings alles, um unseren Klientinnen gerecht zu werden, helfen ihnen, ihre Selbstwirksamkeit zu stärken, um allein ihren Weg gehen zu können. Statt Abhängigkeit zu erzeugen ist unser

---

* Hinweis: Für eine bessere Lesbarkeit verwende ich hier überwiegend das generische Femininum, also weibliche Schreibformen wie Klientin, Managerinnen, Leserinnen etc. Alle anderen Geschlechter sind natürlich mitgemeint. Eine besondere Herausforderung ist allerdings das Wort »Coach«, mit »Coachin« kann ich mich noch nicht anfreunden.

Ziel, dass sie nach dem gewünschten Impuls-Coaching allein, erwachsen, selbstverantwortlich ihr Leben gestalten.

Und ehrlich: Natürlich freue ich mich, wenn eine Klientin tatsächlich umsetzt, was sie sich im Coaching vorgenommen hat. Natürlich bin ich stolz, wenn ich frühere Klientinnen treffe, die mir versichern, dass unser Coaching ihr Leben verändert hat. Ich freue mich, dass ich ihnen helfen konnte, ihre Ressourcen zu entdecken, innere Widerstände zu überwinden oder auf die eine gute Idee zu kommen, auf die sie allein vielleicht nicht gekommen wären. Aber sie schöpfen die Kraft aus sich, sie brauchen meine nicht immer wieder anzuzapfen. Ich bin fest überzeugt: Die edelste Aufgabe eines Coaches ist es, sich überflüssig zu machen!

Auch deshalb möchte ich diesen wertvollen Schatz, den Coaching bereitstellt, immer weitergeben. Ich hatte 2013 eine eigene Sendung im Bayerischen Fernsehen, in der ich gezeigt habe, wie Coaching funktioniert. In dieser Zeit entstand auch mein Buch *So coache ich*, das Sie jetzt in einer völlig überarbeiteten und erweiterten Neuauflage in den Händen halten. Allein 20 neue Super-Tools sind dazugekommen, mit denen Sie Menschen auf ganz neue Gedanken bringen können. Denn wie ich mich als Coach weiterentwickelt habe, so entwickelt sich auch die Methode stetig weiter und profitiert von Erfahrungen.

Ich öffne also hier die Tür, hinter der sonst Coaching verborgen ist, und lasse Sie teilhaben. Ich werde Ihnen packende und überraschende Coaching-Beispiele beschreiben. Sie können sich darauf verlassen, dass alle so ähnlich stattgefunden haben, aber natürlich sind alle Namen, Orte und äußere Erkennungsmerkmale verändert.

Meine besten Coaching-Tools aus LOKC®, meiner eigenen Methode, dem Lösungsorientierten Kurzzeit-Coaching, können Sie als Coach gern in Ihre gelernte Methode aufnehmen. Oder, wenn

Sie selbst kein Coach sind, für gute Gespräche nutzen, sei es als Führungskraft, in Beratungen oder im Familien- und Freundeskreis. Viele Menschen sollen mit diesen kraftvollen Gesprächsboostern Lösungen finden. In den Worten meines verstorbenen Mannes, des Diplompsychologen Siegfried Brockert: »Wir wollen Coaching in die Welt tragen!«

Wie bin ich selbst zum Coaching gekommen? Spannenderweise als ich noch gar nicht wusste, dass es das als Berufsbezeichnung gibt. Ende der 1980er-Jahre habe ich neben meiner Tätigkeit als Journalistin angefangen, Bücher zu schreiben und Seminare zu geben. Manchmal wurde ich von Teilnehmerinnen gefragt, ob ich auch »Einzelgespräche« anbiete. Ja, und dann habe ich Einzelgespräche angeboten. Meine journalistische Ausbildung und langjährige Erfahrung haben mir geholfen, zuzuhören und hilfreiche Fragen zu stellen.

Meine Methoden für diese Einzelgespräche habe ich nach und nach selbst entwickelt. Sie entstanden immer aus der Situation heraus. Ich hatte eine Idee, habe sie ausprobiert und wenn sie sich bewährt hat, in mein Portfolio aufgenommen. Als dann wenig später die ersten Coaching-Bücher auf den Markt gekommen sind, habe ich mit großen Augen festgestellt, dass die im Prinzip ähnliche Methoden beschrieben, die ich auch angewandt habe. Nur was bei mir spielerisch »Madonna-Methode«, »Drei-Millionen-Euro-Spiel« oder »Fehlersonne« heißt, wurde dort mit vielen Fachausdrücken beschrieben wie »Intervention«, »Transfer«, »Ressourcen«, mit »regredieren« und »spiegeln«.

Auf einem Psychologenkongress 1991 in Berlin, an dem ich als Journalistin teilnahm, habe ich den ersten leibhaftigen Coach meines Lebens kennengelernt: Gunter König. Ich erinnere mich, wie fasziniert ich in seinem Workshop saß und innerlich jauchzte: »Ja, ja, so ähnlich mache ich es auch!« Er arbeitete mit bunten Holzfiguren, die er auf einem Tisch aufstellen ließ, um die Gesamtsituation aus einer gewissen Distanz anzuschauen. Ich machte bereits Ähnliches mit den Playmobil-Figuren meiner Kinder. (Daraufhin ließ ich mir übrigens von einer Werkstatt für behinderte Menschen wunderschöne Holzfiguren herstellen, mit denen ich heute noch arbeite.)

Von dieser Zeit an bezeichnete ich das, was ich vorher »Einzelgespräche« genannt hatte, als »Einzelcoaching«. Ich denke, ich war unter den ersten Coaching-Pionieren in Deutschland eine der wenigen, die nicht aus der Psychologen- oder Therapeutenecke kam.

Mitte der 1990er-Jahre wurde ich einmal in einem Interview von einem Journalisten gefragt: »Frau Asgodom, was machen Sie denn, wenn der Coaching-Boom bald vorbei ist?« Und ich habe geantwortet: »Dann mache ich etwas anderes. Aber ich sehe nicht, dass der Bedarf so schnell vorbei sein wird. Coaching ist nämlich keine Modeerscheinung. Sondern die Möglichkeit, im Gespräch mit einem anderen zu Klarheit und Entscheidungen zu kommen.«

Seither habe ich geschätzt mehr als 1000 Menschen gecoacht: Vorstände, Politikerinnen, Sekretärinnen, Managerinnen, Künstlerinnen, Selbstständige, Arbeitsuchende. Es ist beglückend zu sehen, wie man Menschen mit Zuwendung, Wertschätzung und anhaltender Achtsamkeit stärken, befähigen und zu guten Lösungen begleiten kann.

Mit dem Lösungsorientierten Kurzzeit-Coaching (LOKC), in dem wir seit 2013 mehr als 250 Teilnehmerinnen ausgebildet haben, können Coaches in kürzester Zeit all ihr Wissen, ihre Erfahrung und ihre Intuition einbringen. Sie befähigen ihre Klientinnen, nach einem meist zweistündigen Coaching, ihren Weg selbstständig weiterzugehen. Die sind erwachsen, die können das. Diese Arbeit auf Augenhöhe ist unsere Auffassung von Coaching.

Sie bekommen in diesem Buch viele Anregungen, um Ihre eigenen Coaching-Fähigkeiten zu verbessern. Und ich stelle Ihnen auch die Strategien für unser Kurzzeit-Coaching vor, enthülle die zehn Grundlagen unserer Coaching-Philosophie und beschreibe ausführlich 35 unserer bewährten Coaching-Tools. 20 begeisternde Tools sind in dieser erweiterten Auflage neu.

Warum schreibe ich »wir« und »unsere«? Weil seit vielen Jahren meine beiden Kinder mit im Coaching-Boot sitzen: Bilen, 44, hat einen Master in Training und Development. Sie ist Geschäftsführerin unserer gemeinsamen Asgodom Inspiration Company. Und Semhar, 42, ist ausgebildeter LOKC-Coach, Experte für bildgestütztes Coaching und Trainer für hybride Trainings. Seit Jahren ist er mit mir zusammen Lehrcoach in unserer Ausbildung.

Durch die vielen ausführlich beschriebenen Beispiele von Kurzzeit-Coachings bekommen Sie nicht nur Einblicke, sondern Anregungen zum Selbstcoaching, um Ihr Leben nach Ihren Vorstellungen zu gestalten und um Erfolg in Beruf und/oder Privatleben zu erreichen. Unter Erfolg verstehe ich übrigens nicht nur Karriere. Für mich bedeutet Erfolg schlicht, die eigenen Ziele zu erreichen – in allen Lebensbereichen. Und dabei kann Ihnen dieses Buch helfen:

- Sie werden sich Ihrer Situation und Ihrer Veränderungswünsche bewusst.
- Sie reflektieren Ihre Situation.
- Sie kommen bei Veränderungswünschen schneller auf Ideen.
- Sie entwickeln alternative Lösungen für Ihre Probleme oder Wünsche.
- Sie lernen, schneller und sicherer zu entscheiden.

- Sie entwickeln Strategien, um Ihre Ziele zu erreichen.
- Sie regen Ihre Lösungsfantasie an.
- Sie erkennen Umsetzungsmöglichkeiten.
- Sie finden den ersten »kleinen« Schritt.
- Sie setzen die Puzzleteile Ihres Lebens neu zusammen.

Und Sie können mit den beschriebenen Coaching-Impulsen etwas für andere Menschen tun:

- Sie können nämlich mehr sein als Zuhörerin, Trösterin oder Bestärkerin – Sie können andere aktiv auf Ideen bringen und zu ihren Zielen begleiten.
- Sie können Coaching-Impulse segensreich in Ihrer Familie, in Ihrem Freundeskreis, an Ihrem Arbeitsplatz, in Ihrem Verein, in der Nachbarschaft oder Gemeinde einbringen.

Dies alles kann Ihnen dieses Buch geben – nur eines nicht: Sie werden durch das Lesen allein noch kein Coach. Professionelle Coaches zeichnen sich durch besonderes Wissen, Können und Erfahrung aus. Sie können aber durchaus Lust bekommen, professioneller Coach zu werden. Auch dafür gibt es in diesem Buch ein Kapitel.

Test: Sind Sie ein guter Coach?

Um das herauszufinden, brauchen Sie nur die jetzt folgenden Aussagen ehrlich einzuschätzen. Diese Aussagen sind vor allem für das Lösungsorientierte Kurzzeit-Coaching (LOKC) von Relevanz. Kreuzen Sie jede Aussage an, die Sie mit einem klaren Ja beantworten können:

- ○ *Ich mag Menschen.*
- ○ *Ich kann Menschen gut zuhören.*
- ○ *Ich stelle die richtigen Fragen, um Dinge auf den Punkt zu bringen.*
- ○ *Ich »höre« auch zwischen den Worten und frage nach.*
- ○ *Ich kann mich mit meiner Meinung zurücknehmen, um den anderen nicht zu beeinflussen.*
- ○ *Ich setze auf die Veränderungsfähigkeit von Menschen.*
- ○ *Ich gebe konstruktives Feedback, ehrlich und wertschätzend.*
- ○ *Ich achte Menschen in ihrer Einzigartigkeit.*
- ○ *Ich interessiere mich für Menschen und ihre Beweggründe.*
- ○ *Ich denke, dass kein Mensch etwas ohne Grund tut (auch wenn er ihn selbst nicht kennt).*
- ○ *Ich kann ehrlich wertschätzen, ohne zu manipulieren.*
- ○ *Ich kann beim Zuhören gut assoziieren und eigene Beispiele erzählen.*
- ○ *Ich kann ein Gespräch strukturieren und auf die Zeit achten.*
- ○ *Ich ermutige Menschen, Ideen zu entwickeln.*
- ○ *Ich gehe wertschätzend und interessiert mit Menschen um.*
- ○ *Ich bin achtsam im Gespräch und sehe meine Grenzen.*
- ○ *Ich vertraue ganz grundsätzlich anderen Menschen.*
- ○ *Ich bin ein Mensch, dem andere vertrauen.*

- ○ *Ich kann Ideenangebote machen und die anderen frei entscheiden lassen.*
- ○ *Ich kann mit anderen Menschen mitfühlen, ohne mich vom Leid überwältigen zu lassen.*

Auswertung: Für jede angekreuzte Aussage bekommen Sie drei Punkte.

Ihre Summe: ___________

Auswertung

3 bis 9 Punkte: Viel Vergnügen beim Lesen dieses Buches. Danach schenken Sie es am besten jemandem, der Ihnen helfen kann, auf Ideen zu kommen und Entscheidungen zu fällen – denn für das Lösungsorientierte Kurzzeit-Coaching (LOKC) sind Sie nicht geschaffen.

12 bis 30 Punkte: Sie haben einige Coaching-Fähigkeiten und können dieses Buch vor allem nutzen, um sich selbst zu coachen. Die vorgestellten LOKC-Übungen werden Ihnen helfen, Lösungen zu finden, Ideen zu bekommen, Ihre Entscheidungen schneller und besser zu treffen und sich Strategien für die Umsetzung zu überlegen.

33 bis 48 Punkte: Sie haben viele wichtige Coaching-Fähigkeiten und können sich gut selbst coachen (auch wenn Sie dieses Wort für sich selbst noch nie angewandt haben). Sie werden mithilfe der LOKC-Methode aber auch Ihre Fähigkeiten weiter verbessern, andere dabei zu begleiten, auf Ideen zu kommen, Lösungen zu finden, Entscheidungen zu treffen und Strategien für die Umsetzung zu entwickeln.

51 bis 60 Punkte: Geben Sie es ruhig zu – Sie sind bereits professioneller Coach oder haben bereits eine Coaching-Ausbildung gemacht. Wenn nicht, haben Sie auf jeden Fall das Zeug dazu, sich zum Coach weiterzubilden. Die Menschen um Sie herum können sehr von Ihrem wertschätzenden, aufmerksamen, lösungsorientierten Blick profitieren. Mit der LOKC-Methode können Sie auch Kurz-Coachings gut strukturieren.

Kurzzeit-Coaching in der Praxis

Zur Einstimmung möchte ich Ihnen den Ablauf eines ganz besonderen Coachings vorstellen, das für mich völlig unerwartet verlief (wie die meisten Coachings) und das an die Erlebniswelt meiner Coachee anknüpfte (wie die meisten Coachings):

Angelika (46) ist Vertriebschefin in einer norddeutschen Kleinstadt. Sie führt ein Team von sechs Außendienstmitarbeitern. Im Coaching möchte sie mit mir über berufliche Alternativen sprechen, da ihre Arbeit sie »total« frustriere. Immer wieder klagt sie über die unterschiedliche Qualität ihrer Mitarbeiter, vier Männer und zwei Frauen. Die einen seien denkfaul, die anderen unkollegial ehrgeizig und die Dritten kompliziert – immer wieder müsse sie sie »zusammenstauchen«, damit sie mehr leisteten. Mir fallen ihre harte Stimme und die abwertende Art auf, wenn sie auf ihre Mitarbeiter zu sprechen kommt. Und das stört mich zunehmend.

Zwischendurch kommt sie mit großer Begeisterung auf ihre beiden Hunde zu sprechen. Der eine, ein Rassehund, wird immer wieder einmal auf Zuchtschauen mit Preisen bedacht. Den anderen Hund habe sie vor einigen Jahren aus dem Tierheim geholt, der sei auch sehr nett, erzählt sie. Ich greife dieses Bild auf und frage sie, ob sie den Hund aus dem Tierheim dafür verachte, dass er kein Prachtexemplar sei und man keine Auszeichnungen mit ihm gewinnen könne.

»Aber natürlich nicht«, sagt sie entrüstet. Der habe ja andere Qualitäten, der sei sehr zutraulich, verspielt, kuschle gern und sei einfach richtig lustig. Sie lächelt versonnen. Ich mache Angelika auf die unterschiedliche Betrachtungsweise ihrer Mitarbeiter und ihrer Haustiere aufmerksam.

»Bei den einen verachten Sie die Unterschiedlichkeit, bei den anderen schätzen Sie sie. Was fällt Ihnen dabei auf?«

»Dass ich Tiere mehr liebe als Menschen?«, fragt sie zögerlich.

»Ist es so?«, frage ich zurück.

»Ja, kann schon sein. Auf Tiere kann man sich wenigstens verlassen.«

Das wäre ein Weg zum Weiterfragen: »Warum haben Menschen Sie enttäuscht?« »Leben Sie deswegen allein?« Sehr schnell kämen wir damit in die Psycho-Ecke. Aber diesen Weg gehe ich nicht mit ihr, denn es gibt eine konkrete Aufgabenstellung des vereinbarten vierstündigen Coachings – und die lautet »Berufliche Zufriedenheit«. Deshalb möchte ich auf etwas anderes hinaus. Ich gebe uns eine halbe Stunde, um etwas aus ihrer Hundeliebe und Menschenskepsis zu machen, was zu mehr Jobzufriedenheit führen könnte.

»Wenn Sie Ihre Mitarbeiter mit Hunden vergleichen würden, wie würden Sie jeden von ihnen beschreiben? Und was würden Sie an jedem dieser Hunde mögen?«

Sie lacht. Ja, diese Übung macht ihr Spaß. »Also, der Heiner ist ein ganz normaler Straßenköter. Nicht besonders attraktiv, aber auf allen Straßen zu Hause. Der konnte sich in allen Situationen durchbeißen, auch wenn er jetzt ein bisschen alt geworden ist. Der hat schon viel erlebt, manchen Kampf bestanden. Manchmal fehlt ihm jetzt der aggressive Biss.«

Aus ihrer Beschreibung spricht Wertschätzung und Kritik.

Ich konzentriere mich auf die Wertschätzung. Deshalb frage ich sie: »Was mögen Sie an ihm?«

»Heiner kann ich zu den schwierigsten Kunden schicken. Mit seiner Erfahrung und seiner Gelassenheit wirkt er sehr vertrauenswürdig. Er ist schon seit über 20 Jahren im Team.«

Ihre Stimme ist jetzt sehr viel weicher als vorher: »Von seiner Erfahrung könnten die anderen viel profitieren.«

»Okay, der Nächste?«

»Jutta ist eine hoch talentierte, aber sehr nervöse Hündin. Sie hat zwei Junge, um die sie ständig herumwieselt. Sie ist deshalb oft sehr abgelenkt. Immer wieder müssen wir wegen der Kleinen, also wegen der Welpen, Rücksicht auf sie nehmen. Das nervt oft.«

»Was schätzen Sie an ihr?«

»Hm, sie hat immer wieder supergute Ideen, für Aktionen zum Beispiel. Also, sie ist sehr kreativ. Aber als Chefin macht sie mich wahnsinnig. Ständig hat sie private Termine …«

»Was schätzen Sie an ihr?«, wiederhole ich.

»Ja, eben ihre Kreativität. Sie bringt richtig Schwung ins Team. Verlässt eingefahrene Wege, macht Dinge anders als früher und ist dabei ziemlich erfolgreich. Wenn sie nicht …«

»Stopp!« Ich schreibe die positive Einschätzung von Jutta neben die von Heiner.

»Zur Nächsten.«

»Inken ist noch ein junger Hund. Oft noch zu verspielt. Sie muss noch viel lernen, hat aber auch Spaß daran. Wenn ich mehr Zeit hätte, würde ich sie mehr trainieren. Eine Hundeschule würde ihr richtig guttun. Also, gutes Hundematerial, ausbaufähig …«

»Ein zukünftiges Prachtexemplar?«

Angelika lacht. »Ja, kann ich mir durchaus vorstellen. Wenn ich mehr Zeit fürs Training mit ihr hätte. Müsste ich mir irgendwie freischaufeln …«

»So, zum Nächsten.«

»Michael ist ein ziemlich aggressiver Hund, sagen wir mal, ein verzogener Boxer. Er beißt andere Hunde weg, lässt niemanden an sich heran. Sein Charme erschließt sich erst auf den zweiten Blick. Er versteht sich nicht besonders mit den anderen Hunden in meinem Team. Der typische Einzelgänger.«

»Was schätzen Sie an ihm?«

»Puh, der gibt nicht so leicht auf. Der bleibt dran, vor allem bei wichtigen Kunden. Der geht die Extrameile, wie man so sagt. Er lässt sich nicht so leicht abwimmeln. Und er ist überaus tüchtig. Er macht die besten Abschlüsse von allen. Eigentlich ist es doch egal, ob ihn die anderen mögen, sie sollten von ihm lernen.«

Wir brauchen eine knappe halbe Stunde, um alle sechs Mitarbeiter auf diese Art zu beschreiben. Angelika wird dabei immer lockerer, fröhlicher, ja direkt enthusiastisch. Sie lächelt, überlegt, freut sich über Formulierungen, strahlt. Offensichtlich hat sie in dieser lustigen Übung ihren Beurteilungsfokus von Negativ auf Positiv verlagern können.

Ich frage sie: »Ja, was machen wir jetzt mit all diesen unterschiedlichen Beschreibungen?«

Sie zögert. Und grinst dann. »Ich hätte richtig Lust, den Kollegen das zu erzählen, was Sie da gerade aufgeschrieben haben.«

»Um was damit zu erreichen?«

»Ich glaube, so ein ehrliches, aber wertschätzendes Urteil habe ich noch nie über sie abgegeben.«

»Wissen die Kollegen und Kolleginnen von Ihrer Hundeleidenschaft?«

»Ja, sicher. Ich habe ja alle Pokale und Urkunden im Büro.«

»Echt?«

»Ja, das weiß jeder, dass ich hundeverrückt bin.«

»Also, in welchem Rahmen könnten Sie Ihre ungewöhnlichen Beurteilungen den Kollegen mitteilen?«

Angelika überlegt etwas. »Wir machen in sechs Wochen unseren jährlichen Betriebsausflug mit der Abteilung. Das ist schon ein Ritual. In dem lockeren Rahmen könnte ich vielleicht ... Und ich könnte meine Hunde mitnehmen ...«

Wieder grinst sie und nickt mit dem Kopf. »Schöne Idee.«

Wir nutzen die restliche Zeit, um berufliche Alternativen für Angelika zu entwickeln. Aber ich merke, in Gedanken ist sie immer wieder bei ihrem Team. Sie scheint plötzlich wieder Gefallen an ihrer »Meute« gefunden zu haben.

Coachen im Alltag

Schöne Geschichte, denken Sie vielleicht. Aber was hat sie mit meiner Lebenssituation zu tun? Lassen Sie mich den Bogen schlagen:

Ihre Nachbarin ist unzufrieden. Sie beklagt sich bei Ihnen über ihren Mann, der zu Hause fast nichts macht: »Der steht vorm offenen Kühlschrank und findet die Butter nicht.« Und über die beiden Söhne, die ihm fleißig nacheifern: »Mama, wo sind meine Fußballschuhe?« Sie beklagt sich über ihren Halbtagsjob in einer kleinen Firma, »das ist doch nichts Vernünftiges«. Sie beklagt sich über eine Kollegin, die sie »mobbt«. Und überhaupt …

Wie lange und wie oft können Sie sich das anhören? Vielleicht reicht die Spanne von »Geh mir bloß weg« bis »Ja, sie hat ja sonst niemanden, die arme Frau«. Wenn Sie ein netter Mensch sind, hören Sie ihr immer wieder geduldig zu, nicken, stoßen unterstützende Grunzlaute aus, wie »Mhm«, »Nja«, »Aha«, und hoffen, dass Sie auch mal zu Wort kommen.

Wenn Sie nicht ganz so nett sind, meiden Sie irgendwann jedes Zusammentreffen, denn die Nachbarin jammert ja nur und ändert nichts.

Menschen brauchen andere Menschen als verständnisvolle Zuhörerinnen. Sie brauchen andere Menschen manchmal als Trösterin, als Blitzableiter, als Klagemauer. Sie brauchen sie manchmal als Mutmacherin und sie brauchen sie manchmal als Ratgeberin.

Und dann gibt es Situationen, da brauchen sie den anderen Menschen, um Auswege aus einer verfahrenen Situation zu finden. Oder um unbestimmte Sehnsüchte in konkrete Ziele zu verwandeln. Sie brauchen jemanden, der ihnen aus der Hilflosigkeit, der Wut oder der Ohnmacht heraushilft. Einen Menschen, der ihr Leid oder ihren Ärger, ihre Hilflosigkeit oder Orientierungslosigkeit, ihre Sehnsucht oder ihre Wünsche ernst nimmt und ihnen anbietet, sie in einem Gespräch unter vier Augen auf dem Weg zu einer Lösung der Misere zu begleiten. »Liebe Nachbarin, ich schlage dir vor, dass wir uns mal einen Abend zusammen hinsetzen, und ich helfe dir gern dabei, mal zu überlegen, was du an deiner Situation verbessern könntest, damit du wieder zufriedener wirst.«

Das nennt man freundschaftliches Coachen.

Ich weiß, dass mir jetzt manche Coach-Kollegen vehement widersprechen würden. »Also, Frau Asgodom, das ist doch sehr stark vereinfacht.« Ja, das ist es. Denn ich habe dieses Buch nicht nur für Psychologinnen oder Therapeutinnen, sondern für jeden Mann und jede Frau geschrieben.

Gestrenge Kollegen würden sagen: »Das Coaching bedarf einer sorgfältigen Ausbildung mit einem psychologisch-therapeutischen oder systemischen oder einem neurolinguistisch-programmierenden Hintergrund. Da dürfen Sie doch nicht Hinz und Kunz einreden, dass sie coachen könnten.«

Doch, ich darf. Natürlich braucht jemand, der beruflich als Coach mit Klientinnen arbeitet, eine besondere Ausbildung, die diese bezahlte Dienstleistung nachvollziehbar und seriös macht.

Daneben können Frau Hinz und Herr Kunz durchaus sich und anderen Menschen helfen, Lösungen zu finden. Coaching ist keine Geheimmethode, in die man eingeweiht werden muss. Coaching ist keine Wissenschaft, die man über Jahre studieren muss. Coaching ist eine Handwerkskunst, die vor allem mit Aufmerksamkeit, Achtsamkeit und Mitmenschlichkeit zu tun hat. Selbstverständlich helfen dabei besondere Fähigkeiten:

- Spüren, worum es wirklich geht
- Reflektieren, was ist
- Bewusst werden, was mich (oder jemand anderen) drängt und/oder hindert
- Perspektiven entwickeln
- Gedankliche Verknüpfungen erkennen
- Ja-aber-Ketten entwirren (»Wenn du's doch weißt, warum tust du es dann nicht?«)

Wie das im Einzelnen geht, davon handelt dieses Buch. Und noch einmal ganz klar gesagt: Ich verkünde in diesem Buch nicht die ewige Wahrheit übers Coachen, sondern schildere meine Erfahrungen – vor allem mit Kurzzeit-Coachings. Sie bieten die Möglichkeit, in kürzester Zeit das Gedankenkarussell zu stoppen, Klarheit und Erkenntnisse zu gewinnen, auf Ideen zu kommen und relativ rasch umsetzbare Lösungen zu entwickeln. Und ich möchte Menschen, die ein Coaching-Talent haben – ja, das gibt es –, bestärken, etwas daraus zu machen. Die Amerikaner würden sagen »empowern«.

Meine Methode des Lösungsorientierten Kurzzeit-Coachings (LOKC) eignet sich vor allem dafür, ganz klare Lösungswünsche blitzschnell umzusetzen. Das ist für meine eigene Arbeit sehr hilfreich, da meine Klientinnen meist beruflich sehr engagiert sind und nicht ewig Zeit haben, sondern zu den eher ungeduldigen und tatendurstigen Menschen gehören.

Ich habe mit der LOKC-Methode geschätzt mehrere tausend Coaching-Klientinnen (meist in zwei- oder vierstündigen, seltener in längeren Coachings) dabei begleitet, die für sie richtigen Lösungen zu finden, darunter ganz konkret:

- ihren Traumjob zu finden
- Regierungsmitglied zu werden
- ihre Ehe zu retten
- schwierige berufliche Krisen zu meistern
- sich beruflich neu zu orientieren
- ihr Gehalt zu verdoppeln (und sogar zu verdreifachen)
- unglücklich machende Situationen ohne Aussicht auf Besserung zu verlassen
- ein Unternehmen zu gründen
- weniger zu arbeiten
- Konflikte mit ihren Eltern anzugehen

- ein Sabbatical zu nehmen und für ihre Entwicklung zu nutzen
- das Verhältnis zu Kolleginnen zu verbessern
- ihre eigenen Lebenswünsche zu erkennen
- Klarheit für wichtige Entscheidungen zu schaffen
- befördert zu werden
- die Verantwortung für ihr Leben zu übernehmen

Es geht also um wirkliche Lebensthemen, nicht um Petitessen, die zufriedenstellend besprochen werden und für die sich Lösungen finden lassen. Das Wichtigste dabei: eine Perspektive, ein Plan und eine positive Aktion – damit der Mensch ins Handeln kommen kann.

Das Kurzeit-Coaching wird bei umfassenden Wünschen wie »Mein ganzes Leben müsste sich ändern« zur Herausforderung. Deshalb ist es ein Teil dieser Handwerkskunst, vorher einen konkreten Veränderungswunsch herauszuarbeiten.

Diese Vorbereitung beinhaltet, dass wir Coaches vorher schon in etwa wissen, worum es im Gespräch gehen soll. Sodass wir zügig einsteigen können und keine Zeit vergeuden:

- In einem Vorgespräch bekommen wir einen ersten Eindruck von unseren Klientinnen. Worum geht's, was erwarten sie von uns? Brauchen sie ein Coaching oder doch eher eine Beratung? (Die ich wie manche andere auch anbiete. Wenn jemand ein Buch schreiben möchte und wissen will, wie er das anstellen kann, macht Coaching wenig Sinn. Dann möchte er die Expertise einer Autorin oder Agentin, die ihm hilft, das Thema zu entwickeln, ein Exposé zu schreiben, einen Verlag dafür zu begeistern etc.).
- Nach dem Vorgespräch entscheiden die Interessentinnen, ob sie mit uns Coaches arbeiten wollen. Und wir vereinbaren einen Termin.

- Dann bekommen sie neben dem Vertrag einen Fragebogen, in dem sie unter anderem ihre persönliche und berufliche Situation schildern, Angaben über ihre Wünsche und Träume machen, und die Starkstellenanalyse ausfüllen (siehe Tool 4). Damit zeigen sich schon Ressourcen, die helfen können, das Ziel zu erreichen.
- Am Ende schreiben sie noch einmal ganz genau, wofür sie eine Lösung brauchen, formulieren also nochmal ihren konkreten Coaching-Auftrag an uns.

Oft berichten Klientinnen später im Coaching-Termin, dass sie allein das Ausfüllen des Fragebogens schon auf den Weg gebracht hätte.

Mein Schwerpunkt ist es, praktische Ideen für die Umsetzung zu generieren. Dabei hilft mir, dass ich nicht nur Coach bin, sondern auch Trainerin. Ich habe in den letzten 30 Jahren viele tausend Menschen in Seminaren trainiert. Ich habe von ihren Wünschen und Problemen gelernt, von ihren Schilderungen von Hierarchien und Zwängen und ihren Schwierigkeiten, Veränderungen umzusetzen.

Übrigens: Auch meine Ausbildung als Journalistin ist sehr hilfreich. Ich habe gelernt, Dinge sehr schnell auf den Punkt zu bringen. Und das unterscheidet Coaching beispielsweise von Psychotherapie. Sie wissen: Coaching ist keine Therapie! Es geht nicht darum, seelische Krankheiten zu behandeln oder gar zu heilen. Um das zu schaffen, gehen Therapeutinnen oft weit zurück in die Kindheit ihrer Klientinnen. Da gibt es Zeit und Raum, sehr viel von früher zu erzählen. Sich an alte Kränkungen zu erinnern oder an Schlüsselsituationen, die den weiteren Lebensweg bestimmt haben.

In meinen Coachings geht es um den Blick nach vorn. Oder wie einer der Begründer der Positiven Psychologie, der US-amerikanische Professor Dr. Martin E. Seligman, gern sagt: »We are not driven by the past, but drawn by the future«* Also, Menschen werden nicht von der Vergangenheit getrieben, sondern von der Zukunft angezogen. Deshalb geht es im Coaching darum, nach vorn zu schauen. Die Grundlagen der Positiven Psychologie, die meine Art zu coachen beschreibt, werde ich Ihnen etwas später vorstellen.

Vielleicht denken Sie gerade: »Was so ein Coaching hervorbringt, da kann man doch auch allein draufkommen Dafür muss man sich doch nicht coachen lassen!« Wenn's nur so wäre. Die Lebensfreude meiner Klientinnen ist durch etwas getrübt, was sie eben nicht allein in den Griff bekommen. Wenn sie allein hätten draufkommen können, dann hätten sie es gemacht. Und das kennen Sie sicher auch: Wir selbst haben manchmal Hirnleere, wenn wir Lösungen brauchen. Deshalb ist eine Stärke des Coachings der Dialog, das Aussprechenkönnen von Dingen. Und die kluge Nachfrage eines Gegenübers.

Beim Reden über etwas, was uns bewegt, diese Erfahrung haben Sie vielleicht auch schon gemacht, löst sich manchmal etwas von der geistigen Erstarrung. Das ist so, wie wenn wir die Kollegin fragen: »Du, sag mal, wie heißt der Schalter, der an dieser Maschine … Ach, lass, ich hab's schon.«

Zu einem gewissen Teil haben Sie aber schon recht, wenn Sie sagen, man kann da auch allein draufkommen. Leider haben wir ja nicht immer einen Menschen zur Stelle, dem wir erzählen können, was wir wissen wollen. Doch Gott sei Dank wirkt dieses Prinzip auch im inneren Dialog. Wenn Sie mit sich selbst »reden«, ist das kein Zeichen von Verwirrung, sondern äußerst klug, Sie selbst können sich helfen, Lösungen zu entwickeln. Schon der große

* https://ppc.sas.upenn.edu/sites/default/files/navigatingfuturepub.pdf.

deutsche Dichter Heinrich von Kleist wusste von der »allmählichen Verfertigung der Gedanken beim Reden«* zu berichten.

Deshalb eignen sich auch die meisten der 35 Coaching-Tools, die ich Ihnen nachher vorstellen werde, zum Selbstcoaching. Doch erst einmal möchte ich die Frage beantworten: Was ist denn Lösungsorientiertes Kurzzeit-Coaching?

LOKC – Lösungen mit Methode

Zum konzentrierten und zielgerichteten Coachen – egal, ob für sich selbst oder für andere – wurde vor Jahren das Lösungsorientierte Kurzzeit-Coaching (LOKC) entwickelt. In diesem Namen sind drei Strategien vereint, die im Coaching wichtig sind:

- **Lösung**. Es geht um Lösungsideen, die die Klientin mit unserer Unterstützung für sich selbst entwickelt.
- **Orientierung.** Verwirrung auflösen und eine klare Richtung erkennen.
- **Kürze.** Durch ganz bestimmte Tools kommen Coach und Klientin sehr viel schneller auf den Punkt.

In den nächsten Kapiteln werde ich Ihnen die drei LOKC-Strategien im Einzelnen vorstellen. Dem schließen sich dazu passende Coaching-Impulse an. Insgesamt sind es 35, bewährte und neue.

---

* https://www.projekt-gutenberg.org/kleist/gedanken/gedanken.html.

Ich habe sie immer wieder verfeinert und an den Umsetzungsergebnissen gemessen. Ja, sie führen zum Ziel. Alle 35 Coaching-Impulse sind einfach anzuwenden. Und sie haben noch etwas Gutes: Sie machen richtig Spaß! Egal, ob Sie sie für sich selbst nutzen oder anderen damit helfen.

Wo es sich anbietet, werde ich die Impulse an einem ausführlichen Anwendungsbeispiel aus der Praxis vorstellen und dann die Handhabung erklären. Übrigens: Die meisten Impulse eignen sich für Gespräche mit Menschen zwischen 8 und 88 Jahren, für Männer und Frauen, für berufliche und private Fragen. Auch dazu werde ich Ihnen Hinweise geben: In welchen Situationen empfehle ich den einzelnen Coaching-Impuls?

Theoretisch müssten auch Schülerinnen das Kurzzeit-Coaching nutzen können, um sich selbst oder Mitschülerinnen zu helfen, sich fürs Lernen zu motivieren. Ich sehe Azubi-Betreuerinnen damit arbeiten und Mitarbeiterinnen in Arbeitsagenturen, die mit ihren Kundinnen gemeinsam Perspektiven entwickeln. Ich sehe Freundinnen, die sich gegenseitig bei Lösungen helfen, und Eltern, die ihren Kindern beistehen (oder umgekehrt). Ich sehe Führungskräfte, die einige der Impulse anwenden können, um sich oder Mitarbeiterinnen neu zu begeistern (für sie habe ich ein eigenes Kapitel geschrieben). Lösungsorientiertes Kurzzeit-Coaching ist alltagstauglich und schnell umsetzbar.

Ich habe mich bei der Entwicklung der LOKC-Methode intensiv mit Positiver Psychologie (PP) beschäftigt, einer wissenschaftlichen Bewegung in der Psychologie, die vor allem die Stärken des Menschen in den Mittelpunkt stellt – und nicht seine Fehler, Mängel und Schwächen. Sie erforscht, was gut funktioniert im Leben von Menschen, und stellt nicht das Scheitern in den Fokus.

Martin E. Seligman, einer der führenden Köpfe der PP, beschreibt es so: »Ich glaube nicht, dass man sehr viel Mühe dafür investieren sollte, seine Schwächen zu bekämpfen. Ich glaube hingegen, dass der größte Lebenserfolg und die tiefste emotionale Befriedigung daraus entsteht, seine Signaturstärken zu nutzen.« Unter Signaturstärken versteht er jene Stärken, die für jeden Menschen so typisch sind wie seine Unterschrift (siehe auch Kapitel »Vom ›Push‹ zum ›Pull‹«). Wir Coaches sprechen von »ressourcenorientiertem Arbeiten«. Was auf Ähnliches hinausläuft: Also, was kann ein Mensch besonders gut und wie kann er diese Fähigkeiten zur Lösung seiner Probleme anwenden?

Ein Beispiel dafür haben Sie bei der hundeverrückten Chefin Angelika erlebt. Sie hatte kein gutes Händchen für Menschen – aber mit Hunden hat sie sich gut ausgekannt. Und unter Einsatz ihres Wissens auf diesem Gebiet konnte sie gute Erkenntnisse über ihre Mitarbeiter gewinnen.

Die Positive Psychologie hat aus einer Menge von wissenschaftlichen Studien, Umfragen und Tests definiert, was dem Menschen das Leben lebenswert macht. Die Wissenschaftler sind dabei auf fünf Grundmuster gestoßen, die dazu beitragen, dass wir zufrieden sind. Sie decken sich in der Tat mit den Themenfeldern, die bei mir überwiegend in Coachings vorkommen:

- **Positive Emotionen** (Freude, Genießen): Menschen suchen im Coaching nach mehr Lebensfreude. Sie brauchen Lösungen, die Stress abbauen und Zufriedenheit steigern.
- **Flow** (sich in eine Tätigkeit versenken und die Zeit darüber vergessen): Menschen suchen im Coaching nach etwas, wofür sie sich ganz und gar engagieren möchten, sei es privat, beruflich oder im Ehrenamt. Sie möchten tun, was sie gern tun. Und viele suchen Leichtigkeit.
- **Positive Beziehungen zu anderen Menschen** (privat und beruflich): In manchen Coachings geht es darum, das Verhältnis

zu anderen Menschen zu entkrampfen, zum Beispiel zu den Eltern, oder positiv aufzubauen, zum Beispiel zum Vorgesetzten, das soziale oder berufliche Netzwerk zu knüpfen und sich Verbündete zu suchen.

- **Sinn** (wissen, wofür man etwas tut): Viele Coachings entstehen rund um die klassische 40-plus-Frage nach dem Sinn. Das sind Coaching-Klienten zwischen 35 und 45, die sich fragen: »Möchte ich das bis zur Rente machen?« oder: »Soll das schon alles im Leben gewesen sein?« oder: »Was mache ich nach der Familienphase?«
- **Kompetenz** (Leistung, Wissen ums eigene Können): In manchen Coachings geht es um die Frage: »Wer bin ich und was kann ich?« Viele Menschen, auch sehr erfolgreiche, wissen vielleicht, dass sie gute Leistung bringen, aber sie fühlen sich nicht großartig. Und sie suchen im Coaching nach Antworten auf die Frage: »Was kann ich, was die Welt braucht?« oder: »Was braucht die Welt, was ich kann?«

In diesen fünf Bereichen suchen Menschen nach Wohlbefinden (dieser Begriff ist weniger spektakulär als »Glück«), und manchmal schaffen sie das allein nicht. Sie haben eine begrenzte Fantasie dafür und begrenzte Lösungsideen. Diese Begrenzung kann durch Coaching aufgebrochen werden. In diesem Prozess können Menschen regelrecht aufblühen. Das englische Wort dafür ist *flourish* (und so heißt auch ein sehr lesenswertes Buch von Martin E. Seligman).

Wunderbaren Dünger fürs Aufblühen bietet die LOKC-Methode, bestehend aus den drei Strategien Lösung, Orientierung und Kürze. Also, auf geht's!

Lösungen finden – aber die eigenen!

Wissenschaftlerinnen haben längst nachgewiesen: Menschen lernen am besten, wenn sie begeistert werden. Da es auch eine Art Lernen ist, Lösungen zu finden, weil damit eingeschlagene Wege verlassen oder zumindest verändert werden, geht es beim Coachen ebenfalls um Begeisterung. Das ist der Grund, warum Menschen die eigenen Lösungen eher umsetzen als die aufgedrückten. Und warum das Coaching auf die eigenen Lösungen setzt.

Das kennen wir doch alle: Eine forsche Anweisung von jemand anderem, zum Beispiel »Mach das mal so«, weckt wenig Begeisterung. Aber die Frage »Was kannst du selbst tun, damit du …?« oder »Hast du mal überlegt, ob …?« ist der reinste Gehirndünger. Er zündet ein Gedankenfeuerwerk, weckt den Spaß an der eigenen Klugheit, macht neugierig auf gewitztes Denken und auf die eigene Fantasie. Das sieht man schon am Aufleuchten der Augen, an der plötzlichen Muskelspannung, am Aufrichten des Körpers. Die gefundenen Antworten elektrisieren, setzen Kräfte frei und machen bereit für die Umsetzung. Ich glaube, hiermit ist schon ein Teil des Coaching-Erfolgs beschrieben, den wir erleben. Kurz zusammengefasst: Coaching ist sexy!

Neue Gedankenwege zu gehen ist ein Akt der Befreiung. Coachen hilft dabei, Lösungen zu finden. Was bedeutet denn Lösung? Es bedeutet, sich von etwas zu lösen, etwas loszulassen, Fesseln zu lösen, Spannung zu lösen, sich von (falschen) Überzeugungen zu lösen, Lebensrätsel zu lösen, Verwicklungen zu lösen, Verwirrung zu lösen.

Denken Sie an einen Entfesselungskünstler im Zirkus oder im Varieté, der es schafft, sich innerhalb weniger Minuten aus schweren Ketten, gesichert von riesigen Schlössern, unter Wasser oder in einer engen Kiste, zu befreien. »Ja, aber das sind doch alles nur Tricks«, werden Sie einwenden. Ja, eben. Wie oft sitzen wir in einer dunklen Gedankenkiste, vermeintlich gehalten von schweren Ketten, gesichert mit riesigen Schlössern! Es sind Tricks, die wir brauchen, um uns befreien zu können. Tricks, die uns helfen, die Ketten abzustreifen, die Schlösser zu sprengen und aufzutauchen aus dem Dunkel der Kiste – Tricks, auch genannt: Methoden, Übungen, Ideen, Strategien, Impulse.

Wer sich von den vermeintlichen Fesseln lösen kann, wird frei – frei im Denken, frei im Handeln und frei für Neues. Lösungsorientiert heißt zuallererst einmal, überhaupt daran zu glauben, dass es eine Lösung gibt. Es gibt Schlüssel für Schlösser, Bewegungen, um Ketten abzustreifen. Es gibt Menschen hinter den Kulissen, die uns aus der Kiste helfen.

Dabei fällt mir die Geschichte von dem Mann ein, der in einem Raum immer wieder gegen die Tür gelaufen ist, um sie aufzudrücken. Wieder und wieder, vergeblich. Die Pointe: Die Tür ging nach innen auf.

Können Sie sich vorstellen, wie es wäre, nach vielen Versuchen und einigen blauen Flecken diese Erkenntnis zu haben: Hallo, die Tür ist gar nicht abgesperrt, sie geht nur nach innen auf! Hallo, ich bin gar nicht ohnmächtig, nicht das hilflose Opfer, dem Schicksal oder dem bösen Tun anderer Menschen ausgeliefert – ich kann es wenden! Denn es gibt eine Lösung!

Welche Menschen brauchen Lösungen?

- Die etwas erreichen wollen.
- Die etwas verändern wollen.
- Die unglücklich über etwas sind.
- Die ein Problem haben.
- Die eine Herausforderung suchen.

- Die Wünsche verwirklichen wollen.
- Die vom Schicksal gebeutelt sind.
- Die Sehnsüchte haben.
- Die Erfolg haben wollen.

Ich habe vor vielen Jahren einmal selbst in einer sehr bedrückenden Situation, in der ich keinen Ausweg mehr sah, einen wildfremden Menschen getroffen, der mir tröstend gesagt hat: »Es gibt immer eine Lösung, auch wenn Sie sie noch nicht sehen!« Was ist in dem Augenblick passiert? Ich habe meinen Kopf gehoben, habe mich entspannt, habe meine Tränen getrocknet, habe wieder geatmet. Mein Hirn, das in Schockstarre gelegen hatte, fing wieder an zu arbeiten. Und ein Hauch von Hoffnung schlich sich in mein trauriges Gemüt.

Es gibt immer eine Lösung, auch wenn wir sie noch nicht sehen. Das ist grandios. Denn es impliziert, dass wir nur hingucken müssen und wir werden sie entdecken. Die Lösung ist quasi schon da – wir müssen nur noch das Türchen aufsperren, hinter dem sie sich vielleicht versteckt. Und allein kommen wir oft nicht darauf.

Deshalb vergeuden wir im Lösungsorientierten Kurzzeit-Coaching keine Zeit. Es geht nicht um Fragen oder Statements: »Wer ist schuld? Warum hast du nicht …? Die anderen sind so gemein! Immer bist du so! Mach doch! Ist doch einfach!« Es geht auch nicht um die jahrelange Aufarbeitung von Kindheitserfahrungen oder alten Kränkungen. Es geht nicht um den Blick zurück (vielleicht mal ganz kurz und zielgerichtet), sondern um Wünsche: Ich möchte! Ich will! Ich werde! Es geht darum, Hirnleere zu überwinden, Denkstarre zu lösen, Gefühle in Wörter zu fassen, Wünsche aussprechen zu dürfen. Das alles bedeutet: Stress zu lösen. Denn Stress macht blöd.

Haben Sie das gewusst? Stress macht blöd. Warum? Weil in Stresssituationen die Hirntätigkeit eingeschränkt ist. Angst und Probleme aktivieren die reinen Überlebensmechanismen: flüchten oder kämpfen. Das Blut fließt in die unteren Extremitäten (zum Weglaufen), die Kraft konzentriert sich in den Muskeln (zum Zuhauen), da bleibt nicht viel fürs Hirn: Wir können nicht mehr denken. Jede kennt das wahrscheinlich aus der Zeit als Schülerin: Wir hatten zu Hause wirklich die Vokabeln gelernt, und kaum wurden wir in der Schule abgefragt und der Lehrer erzeugte tüchtig Stress, dann standen wir da wie ein Volltrottel.

Wenn wir also auf Lösungen kommen wollen, weil wir unglücklich sind, müssen wir den Stress lösen, um wieder an unsere Kreativität zu kommen. Und das geht am besten im Gespräch mit einem wohlmeinenden Menschen. Wer andere coachen möchte, muss deshalb wissen, wie Menschen ticken. Zum Beispiel sollte sie wissen, dass das Allerwichtigste, was Menschen in Momenten von Zweifel und Verwirrtheit brauchen, Geborgenheit ist. Geborgenheit und noch mal Geborgenheit. Deshalb hilft es nichts, die Gestressten mit munteren Durchhalteparolen aus ihrer Gefühlslage peitschen zu wollen: »Halt die Ohren steif!« Oder: »Das schaffst du schon.« Sondern zuallererst heißt es zuhören, ausreden und Dampf ablassen lassen. Und dann, wenn sich der Mensch wieder gefasst und »ausgekotzt« hat, dann kommt der Augenblick, wo wir ihn vorsichtig in Richtung Lösung begleiten können.

Ich habe einmal die sieben Schritte der Krisenintervention gelesen, also was Helfer tun sollten, wenn sie einen Menschen aus einer schlimmen Situation gerettet haben:

- Schritt 1 – Geborgenheit geben
- Schritt 2 – Geborgenheit geben
- Schritt 3 – Geborgenheit geben

- Schritt 4 – Geborgenheit geben
- Schritt 5 – Geborgenheit geben
- Schritt 6 – Das, was geschehen ist, kurz und beruhigend ansprechen
- Schritt 7 – Wieder bei Schritt 1 anfangen: Geborgenheit geben

Geborgenheit ist auch beim Coachen tausendmal wichtiger als kluge Vorschläge oder eine perfekte Gesprächsführung. Das heißt: Gib einem Menschen das Gefühl, verstanden zu werden und nicht allein zu sein, und er kann reden, meinetwegen auch heulen oder wütend sein. Er kann dadurch entspannen, tief durchatmen und wieder die Möglichkeit bekommen, nach vorn zu schauen.

Geborgenheit schaffen wir manchmal, indem wir dem anderen erzählen, dass wir schon einmal etwas Ähnliches erlebt haben und wie sich die schwierige Situation geklärt hat. Denn diese Geschichten tragen den Keim der Lösung in sich und der ist ansteckend (auch wenn jemand denken mag, dass es noch nie jemandem schlechter gegangen ist als ihm).

Vielleicht kennen Sie die alte lateinische Weisheit »Verba docent, exempla trahunt« – Die Worte belehren, die Beispiele reißen mit. Bei meinen Vorträgen erlebe ich diese Weisheit immer wieder. Die Zuhörer können sich jahrelang an die – emotionalen – Geschichten, die ich erzählt habe, erinnern, Fakten werden bald vergessen. Also scheuen Sie sich nicht, wenn Sie anderen bei der Lösungssuche beistehen, von sich selbst zu erzählen – und zwar nicht von Heldensagen, sondern von Ihrem Scheitern und anschließenden Bemühungen, aus dem dunklen Loch wieder herauszukommen. Eine Geschichte schlägt jedes Rezept!

Orientierung bieten

»Mit welchen Problemen kommen denn die meisten Coaching-Kundinnen zu Ihnen?«, werde ich oft gefragt. »Die meisten kommen gar nicht mit Problemen«, antworte ich dann. »Sie brauchen Orientierung.« In der Tat geht es im weitaus größten Teil der LOKC-Coachings um Zukunftsperspektiven: Wohin möchte ich gehen? Für welche Alternative sollte ich mich entscheiden? Was spricht wofür? Und wie komme ich dahin?

Treibstoff ist dabei häufig eine latente oder konkrete Unzufriedenheit. Ein häufig gehörter Satz: »Das kann doch noch nicht alles in meinem Leben gewesen sein.« Oder: »Ich möchte noch mehr aus meinen Fähigkeiten machen.« In den meisten Fällen kommen Menschen, um eine Lösung in die Zukunft hinein zu entwickeln. Und das hat mit Orientierung zu tun. Lassen Sie mich das an einem Beispiel erläutern:

Stellen Sie sich vor, Sie verliefen sich als Europäerin in einer chinesischen Großstadt. Sie sprächen kein Wort Chinesisch und könnten deshalb auch kein einziges Schild lesen. Sie kämen an einen Platz, auf den vier große Straßen mündeten. Woran würden Sie sich orientieren, um wieder zu Ihrem Hotel zurückzufinden?

Ich würde schauen: Kommt mir irgendetwas bekannt vor? War ich hier schon einmal? Kann ich die Himmelsrichtungen erkennen? Gibt es einen Fluss, an dem ich mich orientieren könnte? Oder ein großes, weit sichtbares Gebäude? Vielleicht schaffte ich es so, mich zu orientieren und mein Ziel zu finden.

Wenn nicht, käme ich vielleicht auf diese Idee: Ich hielte ein Taxi an und sagte den Namen des Hotels, in der Hoffnung, ich spräche es richtig aus (was nach meiner Erfahrung in Asien eher unwahrscheinlich ist). Dann käme ich auf die Idee, mich unter dem fantasievollen Einsatz von Körpersprache und entsprechenden kindischen Lauten wie »tschutschutschu …« und »wiuwuu!« verständlich zu machen (äh, das war gerade ein Zug). Ich würde hoffen, dass der Taxifahrer so kapiert (sein verdutztes Gesicht würde mich nicht abhalten), dass er mich zum Bahnhof fahren soll. Dort gäbe es vielleicht eine Touristeninformation, bei der jemand Englisch spricht …

Manchmal stehen wir in unserem Leben an einem Platz mit vier vergleichbaren Wegen und wissen nicht, auf welchem wir zu unserem Ziel finden. Wir versuchen uns zu orientieren, schauen nach etwas Bekanntem, etwas Vertrautem. Gibt es irgendwelche Entscheidungsmerkmale, an denen wir uns entlanghangeln können? Und vielleicht finden wir dadurch auf eigene Faust unseren Weg.

Manchmal müssen wir aber ein Taxi anhalten. Übersetzt heißt das, die Hilfe eines anderen Menschen erbitten, um den richtigen Weg zu finden. Eines Menschen, der uns versteht; der uns hilft, ein Bewusstsein für das Terrain zu entwickeln; der sich vor Ort auskennt; der die Wegweiser lesen und als Reiseführer dienen kann. Also, manchmal brauchen wir einen Begleiter auf dem Weg zu unserem Ziel. Das meine ich mit der Strategie »Orientierung« in der LOKC-Methode.

Was geschieht, wenn wir die Orientierung wiederfinden? Wir heben den Kopf und damit den Blick. Und nehmen die Außenwelt wieder wahr. Wir starren nicht mehr wie das Kaninchen auf die Schlange. Sondern wir blicken wieder nach vorn mit freier Aussicht. Wenn wir den Blick heben, können wir das Ziel ins Auge fassen. Dann begegnen wir auch anderen wieder auf Augenhöhe.

Gründe finden, warum etwas nicht geht, das kann man auch gut mit gesenktem Kopf. Meistens machen solche Gründe und Begründungen den Menschen immer mutloser – »Es hat ja doch keinen Sinn«. Dazu kommen lähmende Schuldzuweisungen von »Ich müsste eigentlich«, »Ich bin zu blöd« bis »Der/die ist schuld«.

Den Blick zu heben heißt, Hoffnung zu haben, dass es sich lohnt hinzuschauen. Und diese Hoffnung ist es, die dann auch die Kraft gibt, loszulaufen: »Ja, ich kann handeln.«

Coaching-Impulse, die zu »Orientierung« passen, verbindet Folgendes:

- Sie helfen, den Blick zu heben.
- Sie ermöglichen einen guten Ausblick.
- Sie verschaffen einen Überblick.
- Sie schaffen die Basis für weitere Entscheidungen in Richtung Ziel.
- Sie haben Spielcharakter, der die Fantasie fördert.

In der Kürze liegt die Würze

Die Klienten, die zu LOKC-Coaches kommen, wissen bereits alle, was sie vom Coach erwarten können, und sie wissen auch, was sie in etwa erwartet. Dafür machen sie ein Vorgespräch, dafür bekommen sie den Fragebogen vorher zugesandt. Dafür werden vorher die Coaching-Ziele genau definiert. Und dafür empfehle ich Coaches seit vielen Jahren, an ihrer Sichtbarkeit zu arbeiten. Das heißt, sich bekannt zu machen. Dann können Klientinnen auf einen Blick sehen, ob ihnen die ganz persönliche Art des Coaches gefällt oder nicht. Denn warum sollte jemand den »Coach im Sack« kaufen?

Wenn sich Coach und Klientin zusammensetzen, dann sind die Grundinformationen, was Inhalt und menschliche Art betrifft, schon ausgetauscht. Auch deshalb sind LOKC-Coachings kurz und bündig. Wir verlangen doch das Honorar nicht dafür, dass uns jemand seinen Lebenslauf erzählt!

Für andere Coaches heißt das: Werden auch Sie sichtbar. Zeigen Sie sich mit Ihrer Art, Ihren Überzeugungen und Ihrem Umgang mit Menschen. Nicht jeder mag ein Buch schreiben. Aber zumindest auf der Homepage oder in den sozialen Medien sollte genug Platz sein, um sich zu zeigen – nicht zu präsentieren, sondern zu zeigen, wie Sie ticken, welchen Erfahrungsschatz Sie bergen und wie Sie im Coaching arbeiten. Identität statt Image.

Sichtbarkeit bieten wir aber auch auf anderen Bühnen: in Seminaren schiebe ich beispielsweise kurze Coaching-Einheiten ein. Sie sind hilfreich und zeigen, wie ich arbeite. Ein kleines Beispiel: In einem Seminar mit 40 berufstätigen Frauen sitzt eine Teilnehmerin, die einen sehr smarten Eindruck macht. Nennen wir sie Inge. Inge ist Ingenieurin, hat eine Familie, pendelt seit einigen Jahren zwischen Heimatort und Arbeitsort hin und her – das klappe prima, hat sie mehrfach betont.

Bei einer Übung, dem Motivationsraster (siehe »Tool-Koffer 3«), die ich mit allen Teilnehmerinnen mache, liest Inge mehrfach den Begriff »Freunde« statt »Freude«. Ich schiebe ein kleines Kurz-Coaching ein, um dahinterzukommen, warum das Thema »Freunde« bei ihr so stark ist. Und sie erzählt nach kürzester Zeit sehr offen, dass sie durch das Pendeln kaum mehr Freunde hat und an ihrem Arbeitsort furchtbar allein ist. Sie hat Tränen in den Augen, als sie davon erzählt. Wir erleben den »Fluch der starken Frauen«, wie ich dieses Phänomen nenne. »Das schaffe ich schon; das halte ich schon aus; das geht schon!« Im geschützten Raum des Seminars kann Inge einmal die Fassade ablegen und ehrlich sein.

Ich biete ihr an, mich in der nächsten Kaffeepause mit ihr zusammenzusetzen und das Thema zu vertiefen – in einem solch großen Seminar kann ich nicht zu lange auf eine Einzelne eingehen. Und außerdem gibt es Dinge, die kann man nur im vertrauten Zweiergespräch sagen. Gesagt, getan. Wir setzen uns etwas abseits von den anderen Teilnehmerinnen an einen Tisch und ich frage nach: »So prima klappt das wohl doch nicht mit dem Pendeln?«

Inge fängt an zu weinen und erzählt die Geschichte in Kurzform: Es sollte eine Übergangsregelung sein – ihr Mann wollte nachkommen mit dem Sohn – er hat dann aber eine tolle Anstellung am Heimatort gefunden – sie haben dort ein Haus gebaut – sie wohnt während der Woche in der anderen Stadt in einem kleinen Zimmer – hat dort keine Freunde, kein Hobby – die Wochenenden gehen immer viel zu schnell vorbei.

»Ich will wieder nach Hause«, schluchzt sie, ein Häufchen Elend.

»Wie könnten Sie das angehen?«, frage ich zurück.

»Das weiß ich auch nicht. Wir brauchen doch mein Gehalt, um das Haus abzubezahlen.«

»Weiß Ihr Mann, wie unglücklich Sie sind?«

»Nein, nicht so genau.«

»Wäre es Zeit, ihm das zu sagen?«

»Ja, das wär's wohl.«

Inge richtet sich ein kleines bisschen auf, ist sehr konzentriert.

»In welchem Unternehmen arbeitet denn Ihr Mann? Könnten Sie da nicht eine Stelle finden?«

»Das habe ich vor Jahren einmal versucht. Aber das war in der Krise, da ging gar nichts.«

»Könnten Sie es jetzt noch einmal versuchen?«

Inge trocknet sich die Augen, schnäuzt in ihr Taschentuch und sagt mit klarer Stimme: »Ja, das könnte ich natürlich.«

Ich habe eine Redensart, mit der ich seit Langem meine Familie und Freunde nerve: »Seht ihr, es gibt keine Zufälle im Leben!« Aber ich habe so oft recht! Im weiteren Gespräch mit Inge stellt sich nämlich heraus, dass ich den Geschäftsführer und eine Managerin des Unternehmens kenne, in dem ihr Mann arbeitet. Ich biete ihr an, einen Kontakt zur Personalleiterin herzustellen. Und das tue ich dann auch. Und öffne ihr damit eine Tür – mehr nicht, aber das ist schon was. Durchgehen muss sie selbst.

Auch diese Art der Vernetzung wende ich in Coachings sehr gern an: Ich kenne jemanden, der macht etwas Ähnliches … Ich kenne jemanden, der weiß, wie … Ich kenne jemanden, der hat auch schon … Und ich empfehle meinen Klienten: »Rufen Sie den/die doch mal an, viele Grüße von mir.«

Wie heißt einer der wichtigen PP-Bausteine für ein glückliches Leben? »Gute Beziehungen zu anderen Menschen aufbauen und pflegen.« Auch Coaching-Klienten müssen nicht alles selbst erfinden, sie dürfen sich von anderen helfen lassen. Und wenn ich jemanden kenne, so stelle ich die Verbindung gern her.

Kurz nach unserem Gespräch hat Inge mir geschrieben, dass sie demnächst ein Vorstellungsgespräch in dem Unternehmen hat – und dass sie an ihrem Arbeitsort einen Yogakurs belegt habe. Holla, das klingt gut. Vor allem das mit dem Yogakurs. Inge ist aus dem Schneckenhaus herausgekommen und beginnt, etwas für sich zu tun. Wunderbar. Vielleicht ein kleiner Schritt für die Menschheit, aber ein großer für sie.

Unser Gespräch hat insgesamt vielleicht 20 Minuten gedauert. Ich habe Inges Redefluss immer wieder einbremsen müssen, weil sie mir zu viele Details erzählen wollte. Aber ich wollte und brauchte nicht wissen, wie groß das Haus ist und warum da noch so viel dran zu tun ist. Mir reichten die Grundinformationen, um sie auf die Gedanken bringen zu können, die ihr eigentlich hätten selbst kommen können. Aber eben nur »eigentlich«.

Grundlagen solcher Kaffeepausen-Interventionen sind vor allem drei Fragen: Wo liegt das Problem? Wie sollte es sein? Woran liegt es? Kurzzeit-Coaching heißt, die Starrheit des Denkens aufzubrechen und den einen Dominostein zum Kippen zu bringen, der sich verhakt hat. Es heißt, den einen Puzzlestein einzusetzen, der hilft, das Motiv zu erkennen. Die weitere Vervollständigung des Bildes kann der gecoachte Mensch dann selbst vornehmen. Er ist erwachsen und hat übrigens auch schon vorher gelebt.

Jetzt sehen Sie vielleicht noch einmal deutlicher den Unterschied zwischen geduldig zuhören und trösten – und coachen. Das eine können alle Freundinnen leisten – das andere Freundinnen mit Coaching-Fähigkeiten. Das eine will Tränen trocknen – das andere will Tränen trocknen und helfen, etwas zu verändern, damit sie nicht mehr fließen müssen. Und damit will es einen Hoffnungsstrahl in die Zukunft schicken.

Und Sie sehen: Coachen muss nicht Stunden und Tage dauern. Es geht nicht darum, das ganze Leben zu coachen, sondern an einer Stelle anzupacken, wo es gerade piekst. Früher habe ich gesagt: Therapie ist für kranke Menschen, Coaching für seelisch gesunde. Aber heute denke ich, das stimmt so auch nicht ganz. Auch Menschen, die in einer Therapie sind, kann ein Kurzzeit-Coaching helfen, aktive, entlastende Entscheidungen zu treffen. Es kann ihnen zeigen: Vielleicht geht es dir in diesem Bereich schlecht – aber in diesem anderen kannst du etwas tun.

Ziel jedes Kurzzeit-Coachings ist es, relativ schnell zu ersten Lösungsschritten zu führen. Und das ist einfacher, als Sie denken. Die gute Nachricht: Die Lösungen haben die meisten Menschen schon längst in ihrem Kopf. Sie kommen aber mit etwas Hilfe besser dran. Und an der Intuition des Coaches liegt es, wie schnell der Prozess in Gang kommt. Und mancher Coaching-Impuls lässt eine Lösung wie von selbst entstehen.

Heinrich von Kleist (1805)
Über die allmähliche Verfertigung der Gedanken beim Reden

»Wenn du etwas wissen willst und es durch Meditation nicht finden kannst, so rate ich dir, mein lieber, sinnreicher Freund, mit dem nächsten Bekannten, der dir aufstößt, darüber zu sprechen. Es braucht nicht eben ein scharf denkender Kopf zu sein, auch meine ich es nicht so, als ob du ihn darum befragen solltest: nein! Vielmehr sollst du es ihm selber zuallererst erzählen. Ich sehe dich zwar große Augen machen und mir antworten, man habe dir in früheren Jahren den Rat gegeben, von nichts zu sprechen als nur von Dingen, die du bereits verstehst. Damals aber sprachst du wahrscheinlich mit dem Vorwitz, *andere*, ich will, dass du aus der verständigen Absicht sprechest, *dich* zu belehren, und so können ... beide Klugheitsregeln vielleicht gut nebeneinander bestehen.«

Selbstcoaching: Wer mit sich selbst spricht, kommt weiter

Vielleicht haben Sie schon einmal den Begriff »Selbstcoaching« gehört. Er bedeutet: Hilf dir selbst, dir durch mehrfaches Nachfragen selbst auf die Schliche zu kommen, dir also im »inneren Dialog« den Weg zu einer klaren Entscheidung zu öffnen. Mit dem inneren Dialog meine ich die Kunst, mit sich selbst ins Gespräch zu kommen. Das heißt als Erstes, unbestimmtes Unbehagen, Sehnsüchte oder andere Gefühle in konkrete Gedanken zu verwandeln und sie zu formulieren.

Überlegen Sie als Erstes, zu welchem Resultat Sie kommen wollen. Ein Beispiel: Es kann sein, dass Sie entweder etwas Konkretes aktiv verändern oder Ihre Einstellung dazu verändern wollen. Sprich: »Sie soll nicht mehr …« oder: »Ich will mich nicht mehr darüber aufregen, dass sie …«

Achten Sie darauf, den Blick vor allem in die Zukunft zu richten: Was möchte ich, was kann ich, wo liegt mein Ziel …

Achten Sie darauf, ob Ihre Gedanken Sie in eine Abwärtsspirale ziehen (»Es ist alles so schwer«) oder in eine Aufwärtsspirale (»Da ist etwas möglich«). Stoppen Sie die Gedanken, wenn sie bergab führen.

Einen begnadet einfachen Gedankenstopper hat sich Martin E. Seligman, der Positive Psychologe, einfallen lassen. Er empfiehlt: Wenn Sie dazu neigen, sich in lähmende Gedanken zu verstricken, tragen Sie ein Flitschgummi, sprich einen Büro-Gummiring, am Handgelenk. Wann immer Sie anfangen, sich in der Abwärtsspirale Ihrer Gedanken zu verlieren, wie »Das geht bestimmt nicht …«, »Das schaffe ich bestimmt nicht …«, »Wahrscheinlich mag mich keiner …«, dann ziehen Sie kurz an dem Gummiband und lassen es zurückschnellen. Autsch, das tut weh – und der kleine, fiese Schmerz unterbricht Ihre Gedankenspirale: »Okay, ich höre ja schon auf damit.«

Ich möchte Ihnen ein gelungenes Selbstcoaching an einem Beispiel zeigen: Emotionales Essen.

Ein Gedanke ploppt auf: »Ich brauche jetzt sofort was zu essen.«

Wenn Sie diesen Gedanken gehört haben, kann Ihr innerer Coach in Aktion treten. Der fragt einfach nach: »Warum musst du sofort etwas essen?«

Und Sie antworten sich: »Ich habe schlechte Laune, weil mich der Nachbar gerade wieder so blöd wegen meines Fahrrads im Hausflur angeredet hat.«

Der innere Coach fragt: »Warum hast du deshalb schlechte Laune?« Oder: »Was genau an der Bemerkung des Nachbarn hat dich so verstimmt?«

Dann antworten Sie sich wieder mit dem nächsten Detail, etwa: »Ich mag nicht von so einem Kerl zurechtgewiesen werden …«

Der innere Coach: »Hat er denn recht?«

»Ja, wo soll ich denn das blöde Fahrrad sonst hinstellen?«

»Brauchst du dafür eine Lösung?«

»Mhm.«

So ein Dialog mit sich selbst erscheint Ihnen am Anfang vielleicht etwas albern, vor allem wenn Sie gelernt haben: »Wer mit sich selbst spricht, hat sie nicht mehr alle.« Das Gegenteil ist richtig. Wer mit sich selbst spricht und dabei auch noch zuhört, lernt sich besser zu verstehen: Warum tue ich das – oder tue ich etwas nicht? Warum regt mich das so auf? Warum reagiere ich so oder so?

Wie schon Hermann Hesse sagte, wird alles gleich etwa anders, wenn man es ausspricht. Dieser innere Dialog, das bedeutet Selbstcoaching, kann Ihnen helfen, Ihre Gefühle zu erkennen und zu verstehen. Er kann Ihnen auch helfen, auf Ideen zu kommen, was Sie verändern könnten. Und er kann Ihnen helfen, ganz konkrete Entscheidungen für sich zu treffen:

»Eigentlich möchte ich nicht zu Tante Christas Geburtstag gehen.«

»Warum willst du nicht?«

»Ich habe keine Lust, immer die gleichen langweiligen Gespräche.«

»Warum sagst du dann nicht ab?«

»Kann ich doch nicht.«

»Warum nicht?«

»Das macht man doch nicht.«

»Warum macht man das nicht?«

»Tante Christa wäre enttäuscht und die Familie würde über mich reden.«

»Okay, dann geh hin.«

»Aber ich habe keine Lust.«

»Was müsste sich ändern, damit du dich absagen traust?«

»Ich müsste vorher mit Tante Christa sprechen und ihr sagen, dass ich diesmal leider nicht kommen kann. Und dass ich sie sehr lieb habe, aber es passt diesmal einfach nicht.«

»Wird sie es verstehen?«

»Na ja, ich denke schon.«

»Und was ist mit dem dummen Gerede der Familie?«

»Das hört schon wieder auf.«

»Wann wirst du die Tante anrufen?«

»Morgen vielleicht.«

»Warum nicht heute?«

»Okay, ich mach's gleich.«

»Und vergiss nicht, ihr einen Blumenstrauß zu schicken. Am besten ein paar Tage vor dem Fest.«

»Gute Idee.«

Das klingt sehr vereinfacht? Ja klar, ist ja nur ein Beispiel. Übrigens: Auch wenn der innere Dialog zum Ergebnis gekommen wäre: »Nein, ich muss wirklich zum Geburtstag gehen«, dann wäre es trotzdem, nach einer kurzen Abwägung, eine klare Entscheidung geworden: »Okay, ich bleibe zwei Stunden und dann gehe ich wieder.«

Das ist auf jeden Fall besser als »Eigentlich will ich gar nicht …« und ein gequältes Gesicht auf der Feier. Die Fragen Ihres inneren Coachs schaffen Klarheit. Und Klarheit schafft Harmonie, sagt man. Es gibt immer zwei Perspektiven für Veränderungen: Ich verändere etwas an der Situation oder ich verändere meine Einstellung.

Der innere Dialog lebt von Aussagen, Vermutungen und Fragen. Was Ihnen helfen kann, innere Klarheit zu erlangen, ist die Fragenkette:

1. Formuliere, was du denkst.
2. Denke darüber nach, was das bedeutet.
3. Und frage nach.

Hier noch ein Beispiel für eine Fragenkette:

»Eigentlich müsste ich mehr Sport machen.«

»Warum ›eigentlich‹?«

»Ich weiß nicht, wie ich die Zeit dafür finden soll.«

»Was könntest du denn tun, um Zeit dafür freizuschaufeln?«

»Ich bräuchte einen festen Termin.«

»Welcher Tag in der Woche würde sich am besten eignen?«

»Dienstag.«

»Wie kannst du dich organisieren, dass du dienstags Sport machst?«

»Ich müsste direkt nach der Arbeit zum Sport gehen.«

»Wo würdest du Sport machen?«

»Dienstagabend ist im Turnverein eine Frauengruppe.«

»Was kann dich davon abhalten, dorthin zu gehen?«

»Meine Faulheit.«

»Wie kannst du die Faulheit überwinden?«

»Jemand müsste mitkommen.«

»Wen magst du fragen, ob sie mitkommt?«

»Daniela, aber ich weiß ja nicht, ob sie Lust hat?«

»Wie wirst du herausfinden, ob sie Lust hat?«

»Ich müsste sie fragen.«

»Wann wirst du sie fragen?«

»Ich ruf sie nachher gleich mal an.«

»Was machst du, wenn sie Ja sagt?«

»Dann verabreden wir uns gleich für nächste Woche.«

»Was tust du, wenn sie Nein sagt?«

»Dann gehe ich nächste Woche allein dorthin und schaue mal, welche netten Frauen ich dort treffe.«

»Kannst du noch irgendwas organisieren, damit du nächste Woche Dienstag zum Sport gehst?«

»Ich werde morgens mein Sportzeug gleich mitnehmen, damit ich gar nicht vorher nach Hause muss.«

»Wie kannst du dich daran erinnern, dass du Dienstag dein Sportzeug mit zur Arbeit nimmst und abends in die Gruppe gehst?«

»Ich hänge mir ein Schild innen an die Haustür – und schreib es in meinen Kalender.«

»Freust du dich darauf, zum Sport zu gehen?«

»Ja! Es wird mir guttun!«

Wenn Sie dieses Buch gelesen haben werden, können Sie sich zusätzlich zu Ihren eigenen Fragen denken: »Was würde Frau Asgodom mich jetzt fragen?« Und: »Wäre sie mit dieser Antwort zufrieden oder würde sie weiter nachfragen?« »Und wenn ja, was wäre die nächste Frage?« Und Sie schauen sich die Coaching-Tools an, die ich Ihnen gleich vorstellen werde, und überlegen: »Welches bringt mich jetzt weiter?«

Was ist ein Coaching-Tool?

Wenn wir Coaching als Handwerkskunst betrachten, ist ein Tool ein Werkzeug, mit dem wir schneller zu Lösungen kommen. Natürlich können Sie coachen, ohne irgendein Werkzeug neben der Sprache zu benutzen, einfach durch intensives Zuhören und Fragen. »Reden hilft!«, heißt es ja schließlich. Tools können Sie immer dann einsetzen, wenn Sie entweder die Fantasie der Coachee anregen möchten, Klarheit über ihre Situation erlangen wollen oder mit ihr Handlungsalternativen aufschreiben möchten. Nach meiner Erfahrung kommen Coachees dadurch sehr schnell auf Ideen und Erkenntnisse.

Wenn Sie mit einem Tool schnell einen großen Schritt weitergekommen sind, greifen Sie die Ergebnisse auf und fragen nach dem weiteren Vorgehen: »Mit dieser Erkenntnis, die Sie jetzt haben – was wäre der nächste Schritt?« Übrigens: In manchen Coachings setze ich kaum Tools ein, weil die Coachee schon sehr weit in ihren Überlegungen ist, schnelle Erkenntnisse erlangt und stringent auf eine Lösung zusteuert. Wenn ich ein Tool wähle, hat es immer den Sinn, neue Überlegungen anzuregen, Gefühlen eine Stimme zu geben oder eine Vision des möglichen Handelns zu erzeugen.

Entstanden sind die Tools auf unterschiedlichen Wegen: Manche habe ich in Fortbildungen gelernt, manche sind mir in Ruhesituationen, zum Beispiel auf langen Bahnfahrten eingefallen. Die allermeisten meiner Coaching-Tools sind direkt in der Arbeit mit den Klientinnen entstanden. Spontan, aus der Situation heraus. »Ach, schreiben Sie doch mal auf …«

So moderiere ich Tools auch an. Ich erkläre vorher nie, was wir jetzt machen werden, welche psychologische Erkenntnis vielleicht dahintersteckt oder was ich damit erreichen möchte. Meistens beginnt die Nutzung eines Tools mit »Sagen Sie mir doch mal …«, »Womit könnten Sie das vergleichen?«, »Wie könnten Sie das angehen …?«, »Was hält Sie davon ab, es zu tun …?« Dahinter steckt meine Überzeugung, Dinge nicht zu verkomplizieren, sondern sie einfach zu machen.

Und jetzt öffne ich Ihnen meinen Werkzeugschrank. Die fünf Tool-Koffer, die ich Ihnen vorstellen werde:

- Koffer 1: Klarheit schaffen
- Koffer 2: Spinnen erwünscht
- Koffer 3: Besser begreifen
- Koffer 4: Orientierung finden
- Koffer 5: Assoziationen

TOOL-KOFFER 1
Klarheit schaffen

Hier stelle ich Ihnen die ersten sieben Übungen vor, mit denen Sie im Coaching oder im Selbstcoaching Klarheit schaffen können. Der Schwerpunkt dieser Tools liegt auf

- Erkennen
- Beschreiben
- Analysieren
- Alternativen finden
- Erst sammeln – dann entscheiden

Tool 1: Das Alternativrad

Alles ist möglich – Sie entscheiden

Schritt 1:

Sie brauchen ein Blatt Papier und einen Stift. Malen Sie als Erstes ein Rad aufs Papier. In die Mitte schreiben Sie das Thema, für das Ihre Klientin eine Lösung braucht. Beispiele: »Ärger mit Mutter klären« oder »Berufliche Perspektiven« oder »Mehr Wertschätzung«. Ringsherum zeichnen Sie mindestens zehn »Speichen«. Nach meiner Erfahrung gibt es immer mindestens zehn Möglichkeiten, die Ihnen gemeinsam einfallen können.

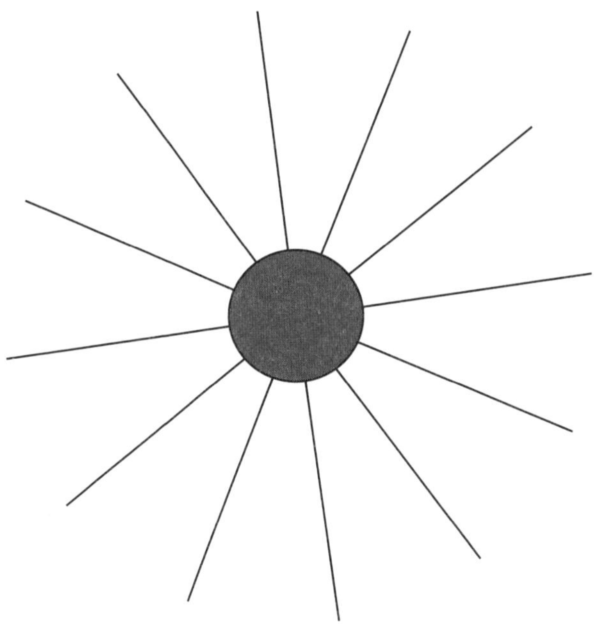

Schritt 2:
Jetzt schreiben Sie an die erste Speiche »Alles bleibt, wie es ist« oder »So wie bisher«, je nachdem, was der Ausgangspunkt ist. Diese Möglichkeit gibt es immer, man kann nach sorgfältiger Überlegung auch beschließen, nichts zu ändern (ist selten, aber es ist eine Möglichkeit). Dann bitten Sie Ihre Klientin zu erzählen, was sie schon überlegt hat und welche Möglichkeiten sie noch sieht.

Ein Beispiel: Wenn es um berufliche Perspektiven ginge, können Sie alles aufschreiben, was der Klientin dazu einfällt: Alles bleibt, wie es ist – Im Unternehmen in eine andere Abteilung wechseln – Den gleichen Job in einem anderen Unternehmen machen – Sich als Beraterin selbstständig machen – Sich für eine höhere Position bewerben – Mit Chef/Chefin über Perspektiven reden – Eine Auszeit (Sabbatical) nehmen – Ins Ausland gehen – Eine Weiterbildung machen – Kündigen und reich heiraten – Arbeitszeit reduzieren – Den Chef/die Chefin absägen – Nochmal studieren – In eine andere Stadt ziehen – Mit einem Tagescafé selbstständig machen – In die Politik gehen – Neben dem Job Kurse geben …

Sie merken, Sie schreiben alles auf, was Ihrer Klientin in den Sinn kommt. In dieser Phase gibt es keine Denkbeschränkung. Sie können Unmögliches hinschreiben und Verrücktes, Fantastisches und Illegales. In dieser Phase hat der innere Kritiker zu schweigen. Deshalb entwickeln Sie ruhig den Ehrgeiz, so viele verschiedene Möglichkeiten aufzuschreiben, wie es nur geht. Und wenn Sie über einige lachen müssen, umso besser. Zur Idee »Reich heiraten«: Dieser Punkt, den ich manchmal beisteuere, erzeugt immer einen Lacher. Lachen reduziert Stress und regt damit gleichzeitig die Ideenfantasie beim Gegenüber an.

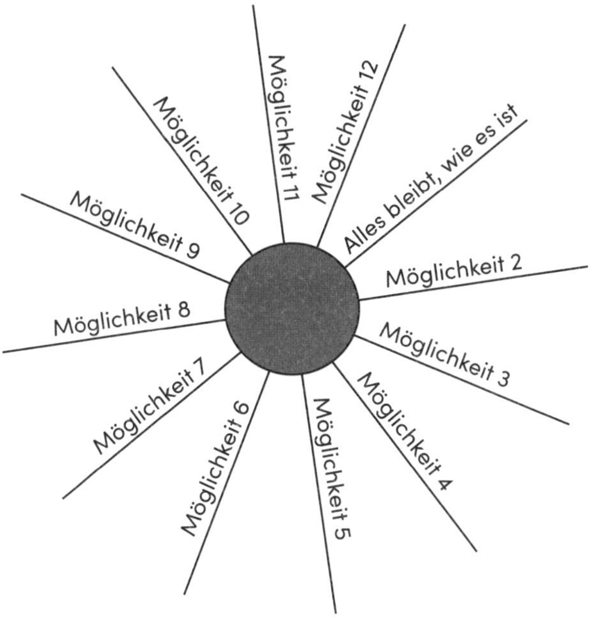

Schritt 3:

Wenn die Klientin ungehindert Ideen entwickelt hat und alles auf dem Blatt steht, was ihr eingefallen ist, kommt es zur Prüfungsphase. Jetzt setzt der Verstand wieder ein und Sie checken jede Möglichkeit darauf ab, wie gut sie Ihrer Klientin gefällt.

Für jede Möglichkeit darf sie jetzt Punkte vergeben – auf einer Skala zwischen Null und Zehn. Null bedeutet »Gefällt mir gar nicht«; Zehn bedeutet »Super! Klasse!«. Fünf wäre in der Mitte: »Ja, ginge auch.« Schreiben Sie die entsprechende Zahl am besten mit einem Farbstift an die jeweilige Ideen-Speiche. Eine Punktzahl darf auch mehrfach vergeben werden.

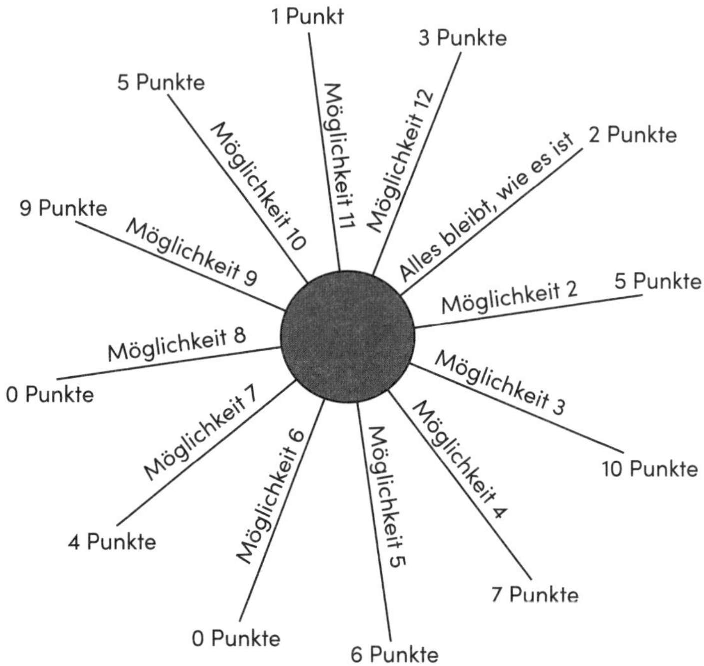

Schritt 4:

Schauen Sie sich jetzt gemeinsam die Möglichkeiten mit den höchsten Punktzahlen an, welche ist »Tagessieger«? Oder gibt es mehrere Favoriten? Ergänzen oder widersprechen sich diese? Lassen sich verschiedene Möglichkeiten zusammenfassen? Beispielsweise: Auszeit nehmen und dann mit dem Chef sprechen. Oder: Arbeitszeit reduzieren und neben dem Job Kurse geben. (Oder natürlich auch: Reich heiraten und kündigen.)

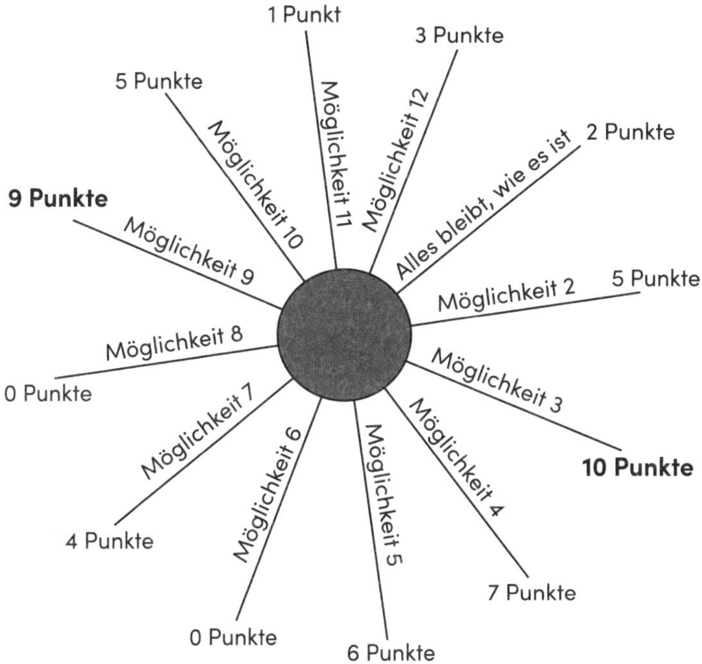

Schritt 5:
Jetzt ist der Verstand wieder gefragt: Checken Sie jetzt gemeinsam die gefundenen Möglichkeiten mit hoher Punktzahl auf ihre Umsetzungswahrscheinlichkeit ab. Fragen Sie Ihre Klientin: »Was müssten Sie tun, wenn …?«, »Was würde es bedeuten, wenn Sie …?«, »Welche Konsequenzen hätte es …«.

Sehr selten stellt sich heraus, dass keine der angedachten Möglichkeiten attraktiv genug ist, eine Änderung einzuleiten. Das ist auch ein Ergebnis: »Ich mache das, was ich jetzt mache, weiter, bis mir etwas sehr viel Faszinierenderes angeboten wird.«

Sehr viel häufiger folgt diesem Tool tatsächlich der Entschluss zu einer Veränderung, die »eigentlich« schon lange im Kopf geschlummert hat und die mithilfe dieser kreativen Methode sichtbar und greifbar wird. »Stimmt, ich wollte doch immer schon …« Oder: »Ja, das Gespräch mit meinem Chef ist überfällig!«

Als Abschluss dieses Coaching-Impulses können Sie gemeinsam eine To-do-Liste anlegen: Wonach sollte sich Ihre Klientin erkundigen, welche Gespräche will sie vereinbaren, wofür braucht sie ein Konzept oder einen Plan? Mein Tipp: Legen Sie gemeinsam fest, bis wann sie was machen wird. Diese Termine schaffen eine gewisse Verbindlichkeit. Und die Gefahr, dass alles auf den Sankt-Nimmerleins-Tag verschoben wird, ist geringer.

Besonderheit beim Coachen

Das Ziel ist es, dass die Gecoachten selbst auf Ideen kommen. Wenn ihre Fantasie nicht sehr blüht, dürfen Sie aber durchaus auch Anregungen geben, immer in Form von Fragen: »Könnten Sie sich vorstellen, auch mal ins Ausland zu gehen?« Manchmal sind Wünsche und Sehnsüchte tief in der Seele vergraben und es braucht einen Schatzgräber, um sie ans Tageslicht zu bringen. Keine Angst vor Manipulation, spätestens in der Bewertungsrunde, bei der nur die Gecoachte Punkte – völlig unbeeinflusst – vergeben darf, wird sich herausstellen, ob es wirklich ihre Präferenz ist.

Tool 2: Die A-bis-Z-Liste
Ideenquelle mit System

Ihre Klientin träumt davon, beruflich etwas Neues zu wagen? Sie weiß aber noch nicht genau, was? Vielleicht hilft ein kleines Spiel, das ich A-bis-Z-Liste genannt habe. Es erinnert Sie wahrscheinlich an Stadt-Land-Fluss (ich selbst bin Stadt-Land-Fluss-Liebhaberin!). Mir ist das kleine Tool auf einer Bahnfahrt auf dem Weg zu einer Klientin eingefallen. (Viel später habe ich erfahren, dass Vera F. Birkenbihl, die große deutsche Trainerin und Coach, seit 2005 ebenfalls mit einer solchen ABC-Liste gearbeitet hat.)

Schritt 1:
Sie brauchen ein Blatt Papier (hochkant), auf dessen linker Seite das Alphabet untereinandersteht. (X und Y dürfen Sie gern in eine Reihe schreiben). Als Überschrift dient der Wunsch Ihrer Klientin: Wofür braucht sie Ideen? Animieren Sie Ihre Klientin nun, sich zu jedem Buchstaben des Alphabets irgendeine Idee zu notieren oder Worte aufzuschreiben, die ihr bei dem Buchstaben in den Sinn kommen. Womit könnte sie sich selbstständig machen? Hier als Beispiel die Liste meiner Klientin:

- Anderes, ganz anderes
- Buchhandlung eröffnen
- Café eröffnen
- Das machen, was mir wirklich Spaß macht
- Energie, Einfälle, Erkenntnisse
- Ferienausflüge für Kinder organisieren
- Gartenarchitektur studieren
- Häuser renovieren und verkaufen

- Immobilienmaklerin werden
- Jugendliche betreuen
- Kaffeerösterei mit angeschlossener Buchhandlung
- Literaturagentin werden
- Mutter-Kind-Reisen anbieten
- Nierenschalen aus Pappe bunt bemalen und verkaufen
- Ohrensessel neu beziehen
- Papierhandlung mit Büchern
- Quietschbunte Lesezeichen entwerfen
- Reich heiraten
- Socken stricken und verkaufen
- Teestube mit angeschlossener Buchhandlung
- Urlaubsvertretung für Buchhändler anbieten
- Verlag anschreiben, Stelle suchen
- Wollgeschäft eröffnen (vielleicht mit Handarbeitsbüchern)
- X-Faktor-Star werden, Y – für die junge Generation etwas tun
- Zuckerpäckchen entwerfen

Schritt 2:

Jetzt laden Sie Ihre Klientin ein, sich mal die Gemeinsamkeiten oder Unterschiede der Begriffe anzusehen. Was fällt ihr dabei auf? Schält sich eine besondere Idee heraus? Was gefällt ihr gerade richtig gut?

Diese Erkenntnisse schreiben Sie auf und können damit im Coaching weiterarbeiten. Indem Sie zum Beispiel die Ideen auf ihre Umsetzungsmöglichkeiten abklopfen. Was braucht es dafür? Wie sähe ihre Zukunft dann aus? Erfüllte das ihre Wünsche? Was wären die ersten Schritte? … Dass meine Klientin eine Buchhandlung übernommen hat, wundert Sie auch nicht, oder?

Tool 3: Schönster Moment im Leben
Was wirklich wichtig ist

Dieses Tool hilft Klientinnen, aus dem Kopf ins Gefühl zu kommen: sich zu spüren, Aufregung in sich zu wecken, körperliche Empfindungen zu deuten und zu benennen. Um danach ins Handeln zu kommen.

Schritt 1:
Fragen Sie Ihre Klientin: »Was war der schönste Moment in Ihrem Leben?« Mit schönstem Moment meine ich den herzergreifendsten, köstlichsten, glücklichsten, ekstatischsten Moment im Leben. Der unterscheidet sich meist von Momenten, die im Nachhinein die wichtigsten waren, wie Bewerbung, Hochzeit, Kinder … Es geht um den Moment, der mit den stärksten positiven Gefühlen verbunden war und heute noch ist.

Schritt 2:
Leiten Sie diese Übung mit sanfter, ermutigender Stimme an:

»Schließen Sie kurz die Augen und lassen Sie die glücklichen Momente Ihres Lebens vorbeiziehen. Gehen Sie ruhig zurück in Ihre Kindheit, Ihre Jugend, ins junge Erwachsenenleben, in die vergangenen Jahre, bis jetzt.

Lassen Sie alle Bilder zu und entscheiden Sie sich dann für den einen, den am stärksten gefühlten wunderbaren Moment.

Schreiben Sie die Situation kurz auf:

Was war geschehen, in welcher Situation waren Sie?

Was haben Sie dabei gefühlt? Listen Sie Ihre Gefühle auf.

Warum hat dieser Moment gegenüber anderen ebenfalls starken Momenten gewonnen?«

Schritt 3:

»Schreiben Sie alle Impulse und Gefühle auf, die Ihnen in den Sinn kommen.

Welchen Einfluss auf Ihr Leben hatte dieser Moment?

Unterstreichen Sie das wichtigste Gefühl!

Warum ist er heute für Sie noch wichtig?

Wie kann dieses starke positive Gefühl Ihre heutigen Herausforderungen oder Entscheidungen bestimmen oder unterstützen?«

Mein eigenes Beispiel: Bei mir war es der Tag, als ich erfahren habe, dass ich die Aufnahmeprüfung auf die Deutsche Journalistenschule in München geschafft habe. Ich war 18, es war der Tag nach dem Abiball. Mein Vater rief bei meiner Freundin an, bei der ich übernachtet hatte, und fragte, ob er den Brief aufmachen solle. Nach dem positiven Bescheid bin ich auf der Straße vor dem Haus meiner Freundin hin und her getanzt, außer mir vor Glück.

Die Gefühle, die bei mir damit verbunden waren: Freiheit! Weg von zu Hause! Leben! Abenteuer! München! Glückseligkeit! Aufregung! Erwartungen! Das Hauptgefühl war Abenteuer!

Wie kann es mich heute unterstützen? Wieder mehr wagen!

Tool 4: Starkstellenanalyse

Darauf kannst du bauen

Dieses Tool nutzt die Starkstellenanalyse, die vom Positiven Psychologen Martin E. Seligman entwickelt wurde, überarbeitet von Siegfried Brockert. Siegfried war Diplompsychologe, Mitbegründer der Zeitschrift »Psychologie heute« und mein Ehemann.

Wenn ein Mensch nicht weiß, wie er etwas erreichen oder verändern soll, lenkt er den Fokus oft auf seine Schwächen und haut sie sich verbal um die Ohren: »Ich bin halt zu blöd zum …« oder »Ich kann einfach nicht …« oder »Immer mache ich alles falsch!« Es gibt einen bewährten Weg aus der Selbstbeschimpfung. Denn auch die erleben wir immer wieder mal im Coaching.

Leider haben viele Menschen einen überwiegend kritisch-diagnostischen Blick. Beim Lebenspartner, bei ihren Kindern, bei Verwandten, Nachbarn und Kollegen und bei sich selbst erkennen sie die Schwachstellen spontan. Nötig und heilsamer aber ist zumeist die Starkstellenanalyse. Denn wer etwas im eigenen Leben oder bei anderen Menschen ändern will, muss die Stärken erkennen. Veränderung zum Besseren baut nur auf Stärken auf und weckt die inneren Wachstums- und Selbstheilungskräfte der Menschen.

Schritt 1:

Die folgende Liste menschlicher Stärken kann Ihnen selbst bei Ihrer Starkstellenanalyse helfen und Sie können sich als Coach damit auch ein differenzierteres Bild von den Stärken des Menschen Ihnen gegenüber verschaffen. Gehen Sie die folgenden 45 Aussagen mit Ihren Klientinnen durch und lassen Sie Ihr Gegenüber zuerst einmal die wichtigsten zehn Punkte ankreuzen, die auf diese zutreffen.

Arbeiten Sie zum Beispiel mit diesen Worten: »Welche Aussagen treffen auf Sie zu? Kreuzen Sie bitte zehn Aussagen an.«

Der Mensch, der dies bearbeitet, ist:

- ○ *freundlich*
- ○ *großzügig*
- ○ *gerecht*

- ○ *tolerant*
- ○ *hat Humor*
- ○ *nimmt das Leben eher spielerisch, mit etwas mehr Leichtigkeit*
- ○ *übernimmt Verantwortung für die Wohnung und den Ort, in dem er lebt*
- ○ *übernimmt Verantwortung für die Natur, die Tiere und Pflanzen*
- ○ *übernimmt Verantwortung für andere Menschen*
- ○ *ist ein guter Nachbar und Bürger*
- ○ *übernimmt Verantwortung auch für sich selbst*
- ○ *zeigt Fürsorge und Pflege*
- ○ *arbeitet dort, wo man sich die Menschen nicht aussuchen kann (Nachbarschaft, Schule, Arbeitsplatz), nicht gegen die, sondern mit den Menschen*
- ○ *erfüllt seine Pflichten*
- ○ *ist anderen Menschen gegenüber loyal*
- ○ *geht (als Lehrer, Pflegepersonal, Vorgesetzter) fürsorglich und pfleglich mit den anvertrauten Menschen um*
- ○ *geht fürsorglich und pfleglich mit Partner, Kindern, Verwandten und Freunden um*
- ○ *hat die Fähigkeit, Liebe zu geben*
- ○ *hat die Fähigkeit, Liebe anzunehmen*
- ○ *nimmt keinen kleinen Vorteil für sich mit*
- ○ *probiert nicht, womit man durchkommt (»nur nicht erwischen lassen«)*
- ○ *übt Mäßigung und Selbstkontrolle beim Verfolgen persönlicher Ziele*
- ○ *sucht Ausgleich der Interessen und die Integration persönlicher Ziele und Lebensstile*
- ○ *lebt aufrichtig*
- ○ *zeigt Lebensweisheit*

- O *geht auf andere Menschen zu*
- O *ist persönlich integer*
- O *hat Fleiß und Durchhaltevermögen*
- O *hat Neugier auf andere Menschen und deren Art zu leben*
- O *besitzt Rationalität und Urteilskraft*
- O *besitzt Originalität*
- O *besitzt Offenheit und geistige Redlichkeit*
- O *besitzt praktische, emotionale und soziale Intelligenz*
- O *hat Interesse am Leben*
- O *hat Sinn für das Schöne, das Herausragende*
- O *lebt in Respekt vor den Menschen, aber auch vor der Schöpfung*
- O *kann erstaunt sein, statt immer schon alles zu wissen*
- O *hat Liebe zum Lernen*
- O *hat Liebe zum Wissen*
- O *lebt zukunftsbezogen (nicht vergangenheitsbezogen)*
- O *zeigt Dankbarkeit*
- O *lebt mit Hoffnung und Optimismus*
- O *erzeugt wenig Chaos im eigenen Leben – und im Leben anderer Menschen*
- O *besitzt Lebensfreude*
- O *spürt Liebe zum Leben – gleich, was das Leben von ihm verlangt*

Schritt 2:

Hat Ihre Klientin zehn Stärken angekreuzt, geben Sie ihr die nächste Anleitung: »Reduzieren Sie diese Sammlung bitte noch einmal auf die fünf Stärken, die Sie am besten beschreiben. Das kann ein bisschen dauern, es ist auch nicht in jedem Fall einfach. Aber es lohnt sich, in sich hineinzuhorchen und sich für die wesentlichen Stärken zu entscheiden.«

Geben Sie noch einmal zehn Minuten Zeit für diese Aufgabe.

Schritt 3:
Lassen Sie sich von Ihrer Coachee die Auswahl erklären. Warum trifft das auf sie zu? Woran könnten andere das erkennen? Und vor allem: Wie können ihr diese Stärken bei ihrer Entscheidung, bei ihrem Plan und bei der Umsetzung der anstehenden Veränderungen helfen?

Zeitaufwand

Diese Starkstellenanalyse ist tatsächlich etwas zeitaufwendig, sie stärkt der Klientin aber enorm den Rücken. Der Charme des Tools liegt darin, dass alle Eigenschaften positiv beschrieben werden. Die Klientin wird also keine »sozial erwünschten« Antworten geben, wie es oft bei Gegenüberstellungstests geschieht.

Ich sende dieses Tool meinen Klientinnen schon mit dem Fragebogen zu, sodass wir im Coaching gleich mit dem Ergebnis arbeiten können.

Tool 5: Ressourcen-Schatzsuche
Stärken erkennen

Ein umfassendes Stärkenprofil in 20 Minuten? Im Rahmen eines Kurzzeit-Coachings? Wie soll das denn gehen, fragen Sie sich vielleicht. Mit einer Schatzsuche! Kennen Sie die Suche nach Begriffen, wenn man Menschen nach ihren Stärken fragt? Oder die aufgesetzte, auswendig gelernte Liste von vermeintlich erwarteten

Vorzügen? Wie kommen wir an die wahren Stärken eines Menschen?

Dieses Tool, das ich Ressourcen-Schatzsuche genannt habe, spielt, wie viele der LOKC-Tools, über Bande. Bedeutet: Am Anfang weiß die Klientin noch nicht, wohin die Übung führen soll. Damit sie nicht gleich den inneren Kritiker rauslässt, sondern unbefangen von sich erzählen kann.

Schritt 1:

Sie kommen im Coaching an einen Moment, an dem Sie intuitiv spüren, dass Ihre Klientin wenig Selbstbewusstsein hat und nicht daran glaubt, dass sie ihr Ziel erreichen kann.

Sie nehmen ein weißes Blatt Papier quer und teilen es mit einem senkrechten Strich in zwei gleichbreite Spalten. Wenn es sich um ein digitales Coaching handelt, bitten Sie entweder Ihre Klientin, das auf ihrem Blatt zu tun. Oder Sie stellen ein vorbereitetes Formular zur Verfügung, dass Sie ihr zuschicken können.

Schritt 2:

Sie bitten Ihre Klientin: »Schreiben Sie bitte 15 bis 20 kleine oder große Erfolge auf, die Sie in Ihrem Leben hatten – beruflich, im Ehrenamt, persönlich oder privat:

- was Sie jemandem bewiesen haben
- welche Ziele Sie erreicht haben,
- was Sie geschafft haben,
- was Sie hinter sich gelassen haben,
- wofür Sie gelobt wurden,
- worüber Sie sich gefreut haben,
- was Sie verändert haben,

- was Sie ausgehalten haben,
- worauf Sie stolz sind,
- worauf Sie stolz sein können.«

Die Klientin braucht keinen Aufsatz zu schreiben, Stichworte genügen. Beim Begriff »20 Erfolge« schrecken viele allerdings schon innerlich zusammen. Deshalb macht es Sinn, den Begriff »tiefer zu legen«, um die Hemmschwelle abzubauen. Sagen Sie also:

»Als Erfolg zählt schon:

- die Schule abgeschlossen zu haben,
- die Führerscheinprüfung bestanden zu haben,
- eine Siegerurkunde bei den Bundesjugendspielen,
- Seepferdchen gemacht zu haben,
- von zu Hause ausgezogen zu sein,
- morgens pünktlich in die Arbeit gekommen zu sein,
- den Traummann, die Traumfrau gefunden zu haben,
- ein Projekt gut abgeschlossen zu haben,
- Teil eines erfolgreichen Teams zu sein,
- nette Kinder zu haben,
- Veränderungen vorgenommen zu haben,
- sich beworben zu haben und genommen worden zu sein.

Erfolge sind aber auch:

- die Schule oder ein Studium abgebrochen zu haben,
- jemanden wieder losgeworden zu sein,
- einen Job verloren und dadurch einen besseren gefunden zu haben,
- alte Eltern zu pflegen,

- sich ehrenamtlich zu engagieren,
- eine gute Freundin zu sein …

Und dann dürfen Nobelpreise, Goldmedaillen, gewonnene Meisterschaften, Firmenrettungen, Millionenumsätze und Auszeichnungen gern genannt werden.«

Dann lacht Ihr Gegenüber wahrscheinlich und fängt an zu schreiben.

Geben Sie Ihrer Coachee etwa 10 bis 15 Minuten Zeit. Ermuntern Sie sie, weiterzudenken, wenn es hakt. Geben Sie sich erst zufrieden, wenn mindestens 15 Punkte auf der Liste stehen.

Schritt 3:
Wenn die Klientin fertig ist, lassen Sie sich bitte jeden Punkt vorlesen und vielleicht kurz erläutern. Dann fragen Sie zu jedem Erfolg, welche ihrer Eigenschaften und Fähigkeiten der Klientin bei diesen Erfolgserlebnissen geholfen haben. Geben Sie als Coach gern einige Begriffe vor, wie Durchsetzungsvermögen, Humor, Kreativität, Fleiß, Wissen, Kommunikationsfähigkeit, Mut, Durchhaltevermögen, Können, Disziplin, Geistesgegenwart, Gelassenheit, Vertrauen, Netzwerk …

Fragen Sie immer wieder nach: »Welche Stärke hat Ihnen noch geholfen?« Nach ein paar Beispielen für Erfolge weiß die Klientin meist, was Sie meinen, und kann vieles schon selbst benennen. Sie dürfen aber auch gern »übersetzen«. Schreiben Sie diese Eigenschaften und Fähigkeiten dann auf die rechte Seite des Blattes. Wenn sich Begriffe wiederholen, geben Sie Ihnen ein Sternchen.

Anschließend lesen Sie als Coach Ihrer Klientin ihre »Ressourcen« laut vor. Hier das Beispiel einer meiner Klientinnen:

Ressourcen-Schatz von Susanne B.:

- Du kannst gut Beziehungen aufbauen.
- Du hast eine starke positive Wirkung auf Menschen.
- Du bist lernfähig und suchst dir Role Models.
- Du hast immer wieder Durchsetzungskraft bewiesen.
- Du hast Durchhaltevermögen.
- Du bist zuversichtlich.
- Logisches Denken macht dich stark.
- Du gibst Wertschätzung und wirst wertgeschätzt.
- Mut zeichnet dich immer wieder aus.
- Du kannst gut analysieren.
- Du bist engagiert.
- Du besitzt Wissen.
- Du bist ein guter Teamplayer.
- Du ergreifst die Initiative.
- Starke Disziplin hat dich immer wieder ans Ziel gebracht.
- Du denkst unternehmerisch.
- Du bist fürsorglich und unterstützend.
- Du hast einen starken Willen.
- Du übernimmst Verantwortung.
- Bodenständigkeit zeichnet dich aus.
- Du kannst strategisch denken.

Rechnen Sie mit jeder Art der Reaktion: Von Weinen, Lachen, Ungläubigkeit bis Stolz habe ich schon alles erlebt. Viele haben so eine positive Betrachtung noch nie gesehen oder von jemandem gehört. Erklären Sie Ihrer Klientin, dass sie alle diese Ressourcen in sich trägt, auch wenn viele Erlebnisse schon lange zurückliegen.

Welche dieser Ressourcen können der Klientin helfen, ihr angestrebtes Ziel zu erreichen?

Tool 6: Puzzle-Leben

Vielfalt leben

Oft kommen Klientinnen ins Coaching, die sich damit quälen, dass sie sich beruflich nicht auf eine Sache konzentrieren können oder wollen. Sie machen zu viel oder zu viel Verschiedenes. Ganz oft reden ihnen Außenstehende ein, dass sie sich bloß nicht verzetteln sollen.

Um einen ersten Überblick zu bekommen, können Sie die Puzzlestücke ihres Tuns aufzeichnen. Es empfiehlt sich, ein großes Blatt oder Flipchart zu benutzen, auf das etwa zehn bis zwölf Puzzlestücke passen (lieber mehr, es können auch einige freibleiben, denn manchmal entstehen beim Reden noch neue Ideen).

Jetzt lassen Sie die Klientin aufzählen, was sie alles macht. Stellen Sie sich vor, ich wäre Ihre Klientin, dann wäre es zum Beispiel: Reden, eigene Seminare, Inhouse-Seminare, Moderationen, Coach-Ausbildung, Coaching, Beratung, Familie, Buchschreiben, Redetraining, Aktivitäten auf LinkedIn …

Dann könnten Sie fragen: Ist Ihnen das zu viel? Haben Sie das Gefühl, sich zu verzetteln? Wenn die Antwort Nein ist, sage ich immer: Prima, freuen Sie sich. Wenn nur andere es falsch finden, lassen Sie sich nicht beeinflussen. Ich zum Beispiel liebe mein Puzzle-Leben und möchte mit niemandem tauschen.

Wenn die Antwort bei Ihrer Klientin aber ein gestöhntes Ja ist, können Sie für jedes Puzzlestück drei Kriterien einführen: »macht mir Spaß«, »verdiene gutes Geld damit«, »könnte/sollte ich sein lassen«. Sie können dabei mit Symbolen arbeiten, wie Herzchen, Smileys, Goldstücken, Blitzen … Keins davon heißt: »überdenken«. Drei davon heißt: »Dazu stehe ich.«

Das Coaching-Plus dieses Tools ist, dass Ihre Klientin damit leicht ins Reden kommen kann. Sie schauen gemeinsam auf ihre Puzzlestücke, haben damit ihr Leben im Blick und sie kann ganz ungeniert erzählen.

Mit der Summe der Erkenntnisse aus diesem Puzzle-Leben-Tool können Sie dann weitercoachen: »Was passiert, wenn Sie damit aufhören? Wie bekommen Sie mehr von diesem oder jenem …? Wie sollte es lieber sein?«

Tool 7: Fehlersonne

Versöhnung mit sich selbst

»Wie konnte mir das nur passieren?« Kennen Sie diesen Tonfall, in dem sich Menschen selbst beschimpfen? Sie oder er hat einen Fehler gemacht und nimmt sich das total übel. Das Tool der Fehlersonne ist eine supergute Übung für Menschen, die selbst ihre größten Kritiker sind.

Ein Beispiel soll Ihnen die Arbeit mit der Fehlersonne erläutern: Karina, 27, arbeitet als Sekretärin der Geschäftsführung eines mittelständischen Unternehmens. Sie macht sich heftige Vorwürfe, weil sie vor einer Woche vergessen hat, die Einladung zu einer wichtigen Sitzung zu verschicken. Ihr Chef war richtig sauer. Die Situation konnte zwar noch gerettet werden. Aber Karina nimmt sich das immer noch sehr übel und sagt kopfschüttelnd: »Ich weiß überhaupt nicht, wie mir das passieren konnte!«

Keine hilfreiche Formulierung, sie beinhaltet Selbstbeschimpfung statt Analyse. Die Fehlersonne soll ihr helfen, den Blick wieder nach vorn zu richten. Hier die fünf Schritte bei dieser Arbeit:

Schritt 1:
Sie nehmen ein DIN-A4-Blatt quer (Sie sehen, ich bin noch ein richtiger Papiertiger und Haptiker dazu. Natürlich können Sie das auch alles auf einem Whiteboard im Internet machen). Teilen Sie das Blatt durch eine senkrechte Linie in der Mitte.

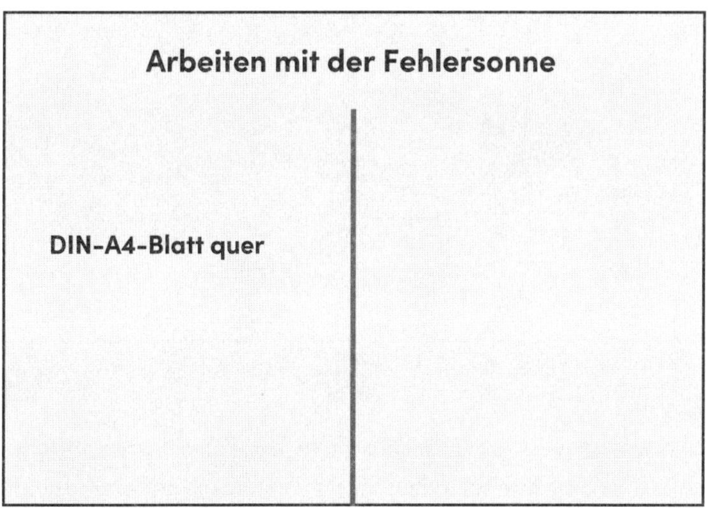

Schritt 2:

In die linke Hälfte des Blatts zeichnen Sie oder Ihre Coachee eine Sonne. In die Sonnenmitte schreiben Sie den Fehler, den Ihr Coachee sich immer noch übel nimmt. Bleiben wir bei dem zuvor skizzierten Beispiel.

Karina schreibt: »Vergessen, die Einladung rauszuschicken.«

Dann malen Sie einige Sonnenstrahlen dazu und schreiben an jeden Strahl eine Ursache, die im Rückblick nach der Meinung der Coachee zum Fehler geführt hat (siehe Zeichnung).

Karina schreibt: morgens zu spät gekommen – Streit mit Freund gehabt – Kollegin war krank –Telefon ständig geklingelt – Keine To-do-Liste gemacht –Musste Reise für Chef umplanen – Große Hektik

Arbeiten mit der Fehlersonne

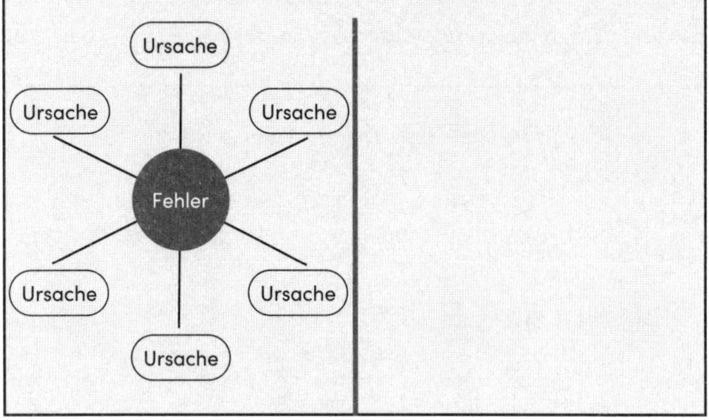

Schritt 3:

Jetzt zeichnen Sie in die rechte Hälfte des Papiers ebenfalls eine Sonne. In die Mitte schreiben Sie das Ziel, also, wie es in Zukunft sein soll, damit dieser Fehler nicht mehr vorkommen kann.

Karina schreibt in die Mitte: »Einladung pünktlich raus!«

An die Sonnenstrahlen wird für jede Ursache eine Verbesserungsmöglichkeit notiert.

Karina schreibt für:

- morgens zu spät gekommen – eine Viertelstunde früher losfahren
- Streit mit Freund gehabt – kann immer mal passieren (Wunsch: vor Stresstagen im Job Privatstress geringhalten)
- Kollegin war krank – mit Chef wegen Vertretungsregel sprechen
- Telefon ständig geklingelt – Kollegin aus anderer Abteilung bitten, zeitweise zu ihr umstellen zu können
- keine To-do-Liste gemacht – To-do-Liste führen; in Outlook automatische Erinnerungen einfügen
- Reise für Chef umplanen – Kollegin aus anderer Abteilung um Hilfe bitten
- große Hektik – drei Minuten Auszeit nehmen, um wieder auf klare Gedanken zu kommen

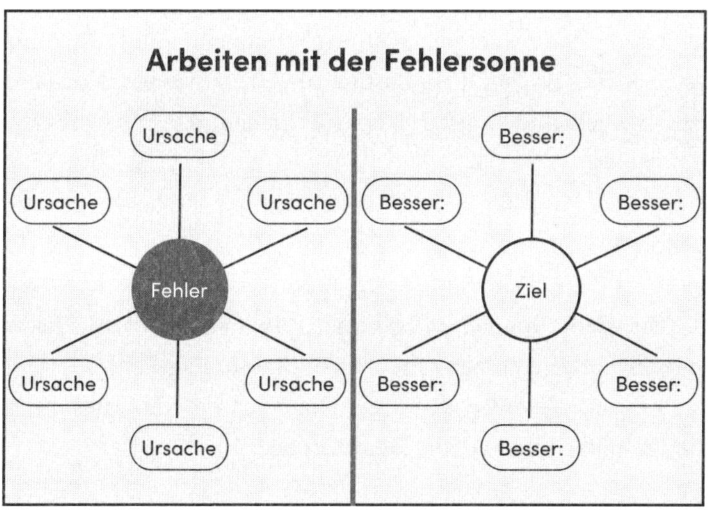

Ein Hinweis für diese Vorgehensweise: Es geht nicht darum, Karina von Schuld für ihren Fehler freizusprechen. Es geht nämlich gar nicht um Schuld. Schuld und Scham rauben Energie und verstärken die Angst, dass es wieder passieren könnte.

Es geht vielmehr darum, die Ursachen klar zu erkennen und dafür vorzusorgen, dass in einer ähnlichen zukünftigen Situation alle wichtigen Dinge erledigt werden.

Wenn Ihre Coachee also beim Arbeiten an der Fehlersonne immer wieder von Scham oder Ärger über sich selbst übermannt wird, bitten Sie sie, innezuhalten. Helfen Sie ihr, ihre Gedanken wieder auf den Analysekurs zu bringen. Sich erinnern: Was war damals los? Welche Faktoren haben mich abgelenkt? Was kann ich ändern?

Geben Sie Ihrer Coachee gern noch mit, dass es bei diesem Impuls weder um Schuldzuweisung noch um Freispruch von Schuld geht, es geht überhaupt nicht um Schuld. Sondern um das Korrigieren von Fehlverhalten. Dies verhindert Abwehrmechanismen wie: »Ich konnte gar nichts dafür, es war aber auch so viel los.« Viel befreiender ist der Ansatz mit Sätzen wie: »Ja, ich habe einen Fehler gemacht und ich möchte ihn in Zukunft vermeiden!« Es geht nicht darum, perfekt zu werden. Niemand ist ohne Fehl und Tadel. Ziel ist es, schnell und präzise aus Fehlern zu lernen.

Schritt 4:

Jetzt das Blatt in der Mitte knicken und so falten, dass nur noch die Zielsonne zu sehen ist (geht mit Papier sehr einfach). Damit verschwindet automatisch der Fehler und somit gedanklich auch die kritische Selbstbespiegelung. Nur noch die Verbesserungen sind sichtbar – und auf die kommt es an.

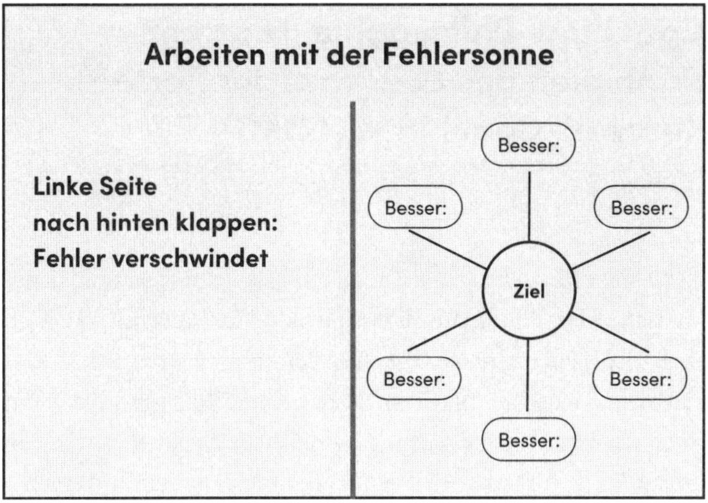

Die Zielsonne nimmt Ihre Coachee mit zum Erinnern. Dieses Coaching-Tool befolgt zwei Intentionen: einmal, dass Menschen aus dem Schuld- und Schamgefühl herauskommen. Und dass sie darüber hinaus ein Werkzeug parat haben, mit dem sie zukünftig selbstwirksam mit Fehlern umgehen können.

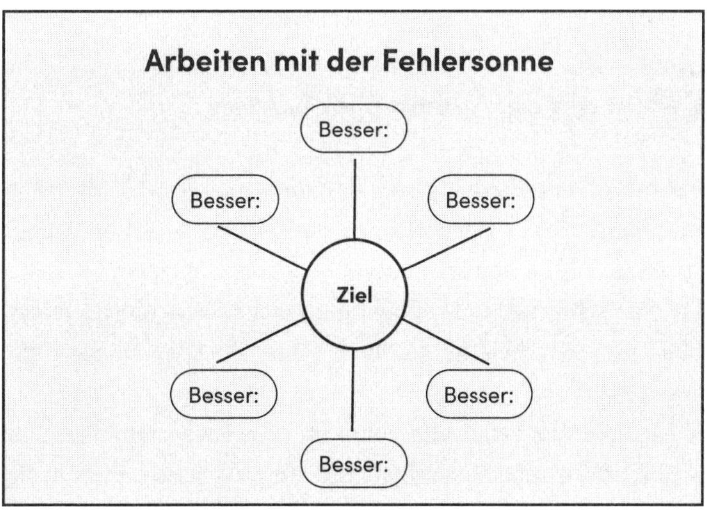

Coaching-Philosophie: Die zehn Prinzipien des Lösungsorientierten Kurzzeit-Coachings (LOKC)

Nicht jeder Mensch kann eislaufen oder Tango tanzen. Nicht jeder Mensch ist einfühlsam und kann gut zuhören. Natürlich fühlt sich auch nicht jeder zum Coachen berufen. Aber ich bin sicher, dass viel mehr Menschen, als die meisten meiner Kolleginnen denken (oder fürchten), sich Coaching-Fähigkeiten aneignen und die in diesem Buch vorgestellten Methoden sinnvoll einsetzen können – in ihrer Arbeit, in ihrem Sportverein, in der Nachbarschaft, in der Familie …

Es bedarf darüber hinaus einiger Grundsätze, die jede berücksichtigen sollte, die Menschen helfen möchte, die eigene Lösung zu finden, die also coachen und nicht beraten oder gar manipulieren will. Hier deshalb die zehn Prinzipien des Kurzzeit-Coachens, meine Coaching-Philosophie.

1. Nicht auf den ersten Blick werten

Geht das denn überhaupt? Ja, das kann man lernen. Sie sehen eine Frau in einer roten Bluse, einem blauen Rock und grüner Strumpfhose. Sie können entweder denken: »Oh, mein Gott, was für eine schreckliche Kombination!« oder Sie nehmen einfach wahr, was Sie sehen: »Rote Bluse, blauer Rock, grüne Strumpfhose.«

Ich habe die Erfahrung gemacht, dass ich wesentlich mehr in Menschen sehe, seit ich meine Wertung ausschalten kann.

Gelernt habe ich das Anfang der 1990er-Jahre von John Hormann. Er war damals gerade als Manager beim IT- und Beratungsunternehmen IBM ausgestiegen, weil er nach dem Sinn des Lebens suchte, und arbeitete für die Steinbeis-Stiftung. Für die Zeitschrift *Cosmopolitan* machte ich mit ihm ein Interview zu seinem damals neu erschienenen Buch. Aus dem geplanten einstündigen Treffen wurde ein vierstündiges Gespräch, das ich nie vergessen werde.

Viele entscheidende Impulse, Trainerin und Coach zu werden, verdanke ich Begegnungen als Journalistin bei verschiedenen Zeitschriften mit eindrucksvollen Menschen aus Wissenschaft und Wirtschaft – vielleicht war das meine Art der Ausbildung, denn »richtige« Coaching-Ausbildungen hat es meines Wissens vor 30 Jahren noch nicht gegeben.

John Hormann erzählte mir damals von der Kunst des Nichtwertens. Ich war sehr skeptisch. Aber er spornte mich an: »Das können Sie lernen.« Und ich begann es zu lernen. Mühsam, mit vielen Rückfällen. Nein, nicht »Was guckt der komisch?«, sondern einfach hinschauen und wahrnehmen. Nicht »Was für alberne Ohrringe«, sondern einfach »Aha, interessante Ohrringe«. Nicht mehr »Wie steht der denn da rum!?«, sondern hingucken: »Was siehst du?« Ich wurde damals für viele Freundinnen uninteressant, weil ich bei dem beliebten Spiel »Guck mal, wie doof die aussieht!« nicht mehr mitmachen wollte.

Ich glaube daran, dass das Leben uns in wichtigen Momenten die »richtigen« Menschen schickt. Menschen, die eine Herausforderung für uns sind oder die uns an unsere Grenzen bringen. Menschen, die uns einen Spiegel vorhalten oder den Weg in eine andere Richtung weisen. John Hormann war einer dieser Menschen für mich. Ich bin sehr dankbar dafür.

Ich weiß, dass ich durch diese jahrelange Übung im Nichtwerten mehr in Menschen sehe, als sie auf den ersten Blick darstellen.

Und dies ist eine entscheidende Voraussetzung für die Potenzialentwicklung bei Menschen. Denn wenn wir einen Menschen erst in eine Schublade gesteckt haben, wird es für ihn sehr schwer, da wieder herauszukommen. Mehr noch: Der weitgehende Verzicht auf Wertung fördert ganz allgemein die Menschenliebe, weil es die Strenge aus dem Blick nimmt und die Schönheit des anderen Menschen durchscheinen lässt.

Im Coaching gehört die Kunst des Nichtwertens zum Handwerkszeug. Solange sich eine Wertung noch automatisch beim ersten Blick einschleicht, müssen wir sie wenigstens erkennen: »Sie erinnert mich so an meine Cousine Gerda, boah, die nervt immer. Halt, das ist nicht meine Cousine. Ich weiß gar nichts von dieser Person. Ich möchte sie kennenlernen, wie sie ist.« Erst dann können wir unseren Klientinnen gerecht werden.

Wenn Sie sich darin trainieren, nicht zu werten, erkennen Sie Seiten an Menschen, die mit der einschlägigen Vorurteilsbrille verborgen geblieben wären. Ein wunderbarer Nebeneffekt: Die Neugier auf andere Menschen steigt. Und damit die Zahl der interessanten Menschen. Probieren Sie es selbst aus. Sie werden die gleichen Erfahrungen machen.

Eine Übung: Sehen Sie sich einen Tag lang aufmerksam irgendwelche Menschen an – auf der Straße, in der Bahn, in einem Café. Schauen Sie hin und versuchen Sie, das reflexhafte Werten, das in uns allen steckt, in eine nüchterne Beobachtung zu verwandeln: »Der schaut ja aus wie ein Waldschrat.« – Stopp! Nur hinschauen: »Lange Haare, Vollbart, lässig gekleidet. Blaue Augen, eine warme Stimme. Er lächelt. Aha.« Ohne den scharfen Wertungsfilter entdecken wir viel mehr an einem Menschen. Genau das macht Coachen so spannend. Nicht wie wir einen Menschen beurteilen, ist wichtig, sondern wie wir Menschen zu Chancen verhelfen, zählt.

2. Eine Coaching-Vereinbarung treffen

Wenn Sie jemandem anbieten, sich mit ihm zusammenzusetzen und nach einer Lösung zu suchen, vereinbaren Sie vorher genau, was der andere von Ihnen erwartet. Manchmal lässt uns der Gedanke, helfen zu können, über das Ziel hinausschießen. Ich erinnere mich an die Anfänge meiner Arbeit als Coach. Eine Freundin mit Liebeskummer, die mir am Telefon ihr Herz ausgeschüttet hatte, musste mich anschließend erst einmal stoppen: »Ich wollte dir das alles nur erzählen, ich wollte nicht, dass du mich gleich coachst.« Dabei hatte ich es doch nur gut gemeint.

Also klären Sie kurz ab, was Ihr Bruder, Ihre Freundin, Ihr Mitarbeiter, Ihre Nachbarin oder wer immer Ihre Hilfe in Anspruch nehmen möchte, von Ihnen erwartet. Möchte die Person nur ein freundliches Zuhören, in den Arm genommen werden, sich ausheulen oder schimpfen? Vielleicht möchte sie einfach nur Ballast abwerfen? Oder möchte sie wirklich mit Ihnen zusammen an ihrem Problem oder Wunsch »arbeiten«?

Bieten Sie gern an, mit einer der in diesem Buch vorgestellten Kurzzeit-Coaching-Methoden zu arbeiten. Aber bitte drängen Sie sie nicht auf. Falscher Eifer schadet nur. Die anderen sind keine »Versuchskaninchen« für Ihre Coaching-Begeisterung. Und Sie erinnern sich: Nur weil Sie dieses Buch gelesen haben, sind Sie noch kein Coach!

Entschließt sich der andere Mensch dazu, dass Sie ihn auf der Suche nach einer Lösung begleiten dürfen, dann schließen Sie einen Minivertrag mit ihm ab. Darin sollten Sie zuerst einmal festhalten, wofür genau er eine Lösung braucht. Ich nenne das schlicht »Coaching-Ziel« und bitte meine Coachees, möglichst genau zu benennen, wofür sie eine Lösung brauchen, was sie in den zwei oder vier Stunden Coaching erreichen wollen. Zum Beispiel: »Ich brauche Klarheit, für welche Option ich mich beruflich entscheiden soll.«

Zur weiteren Vorbereitung des Coachens können Sie im Vorfeld mit Ihrer Gesprächspartnerin klären:

- Welche Überlegungen sind bereits vorhanden?
- Welche Möglichkeiten gibt es?
- Welche Pros, welche Kontras hat sie im Kopf?
- Was hat sie schon probiert?
- Warum hat sie noch nicht gehandelt?
- Wer könnte ihr bei der Umsetzung von Plänen helfen?
- Was will sie mit Ihnen ganz sicher nicht besprechen? (Tabus müssen Sie akzeptieren.)

Ich selbst führe in meinen Einzelcoachings eine Art Protokoll. Das heißt, während der Coaching-Sitzung kann mein Klient träumen, erzählen, spinnen – und ich schreibe auf, fasse zusammen, stelle Verbindungen zwischen dem Gesagten her. Meistens protokolliere ich stichwortartig und visualisiere, aber manchmal schreibe ich auch wichtige Sätze im Wortlaut nieder. Sätze, die der andere so noch nie ausgesprochen hatte und die entscheidend für das weitere Handeln sind. Das hält mich übrigens auch davon ab, zu viel zu reden. Aber dazu kommen wir gleich noch.

Dieses Protokoll scanne ich dann entweder hinterher ein und maile es der Coachee. Oder ich fotografiere die Seiten kurz ab und schicke sie per WhatsApp. Diese Aufzeichnungen aus dem Coaching helfen der Klientin später, nachzuvollziehen, wie sie zu ihren Erkenntnissen oder Entscheidungen gekommen ist. Und beschlossene To-dos bleiben mit den dazugehörigen Terminen im Blick. Das Protokoll hält wichtige Meilensteine fest, wie: »Ich will mehr Freude im Leben«. Oder: »Fünf Gründe, warum ich nach Hamburg ziehen sollte.« Gedanken sind flüchtig, Geschriebenes begleitet meine Klientin auf dem Weg zur Umsetzung.

Wenn ich ehemaligen Coaching-Klientinnen begegne, höre ich sehr oft: »Gerade neulich habe ich nochmal unser Coaching-Protokoll in der Hand gehabt. Ich habe mich gewundert, dass ich damals schon gesagt habe, dass ich ...« Oder: »Ich bin erstaunt, wie viel ich von dem, was wir damals besprochen haben, schon umgesetzt habe.« Oder: »Ich habe mich vor drei Monaten selbstständig gemacht. Als ich mein neues Büro eingerichtet habe, ist mir das Coaching-Protokoll von vor zwei Jahren in die Hände gefallen. Damals hatte ich schon genau skizziert, wie ich mir die Selbstständigkeit vorstelle. Und so ist es eingetroffen.«

Meine Empfehlung an Sie: Schreiben Sie wenigstens stichwortartig mit, was im Coaching gesagt wird. Notieren Sie wichtige Gedanken. Manchmal ist ein Coaching-Protokoll schon der Grundstock eines Businessplans. »Was du schwarz auf weiß nach Hause tragen kannst ...«

3. Fragen statt sagen

Fragen ist die beste Vorbeugung gegen Besserwisserei und Pauschalurteile. Wenn Sie Fragen stellen, sind Sie im Coaching oft auf dem richtigen Weg. Wenn Sie Fragen stellen, geben Sie den anderen die Möglichkeit, nachzudenken und ihre Gedanken zu formulieren. Sie geben ihnen die Möglichkeit, wirre Geistesblitze zu ganzen Sätzen zu formen und die Struktur der Gedanken zu erkennen. Was vorher wirr im Kopf herumschwirrte, ordnet sich durch das Sprechen zu Erkenntnissen.

Jede kennt das: Wenn Sie etwas beschreiben sollen, bekommen Sie ein besseres Bild von der Situation. Wenn Sie über Ihre Gefühle sprechen sollen, werden Ihnen diese oft erst bewusst. Wenn Sie über die Bedeutung anderer Menschen für Ihr Problem sprechen, werden Ihnen vielleicht Interessenskonflikte klar.

Ich habe mir angewöhnt, manches Coaching ganz freundlich mit der Frage zu beginnen: »Wie geht es Ihnen?« Meist kommt so ein: »Geht so. Gut. Passt.« Dann frage ich noch einmal lächelnd nach: »Und wie geht es Ihnen wirklich?« Eine Zauberfrage! Plötzlich öffnet sich der Mensch ein Stückchen weiter: »Na ja, eigentlich bin ich ziemlich erschöpft …« Oder: »Ich habe mich gestern wieder so geärgert …« Und das Gespräch läuft.

Also fragen, fragen, fragen – und auf die Antworten hören. In den Antworten liegt oft der Schlüssel zur Lösung. Ich habe hier einige hilfreiche Fragen zusammengestellt, die sich im Kurzzeit-Coaching bewährt haben, weil sie Ihre Gesprächspartnerin zum Nachdenken und Reden bringen:

- Was möchten Sie am liebsten tun?
- Was war Ihr erster Gedanke dazu?
- Was ist Ihr stärkstes Argument?
- Heißt das, Sie hätten lieber …?
- Was hat der/die andere davon?
- Welches Aber haben Sie noch im Kopf?
- Was wäre die einfachste Lösung?
- Wer kann Ihnen dabei helfen?
- Was hält Sie davon ab?
- Was könnte schlimmstenfalls passieren?
- Und im besten Fall?
- Wann werden Sie was tun?
- Was muss sich ändern, damit Sie …?

- Wollen Sie es wirklich?
- Was würde passieren, wenn …?
- Was sind Sie bereit zu riskieren?

4. Achtsam zuhören

Zuhören, hinhören, aktiv zuhören – wie auch immer Sie es nennen wollen: Auch das ist eine Grundvoraussetzung des Coachings. Es bedeutet, sich zurücknehmen zu können und sich ganz auf den anderen zu konzentrieren. Verbunden mit einer Art Selbstvergessenheit ermöglicht es, im Gespräch mit dem anderen die wichtigen Dinge zu hören und die Zwischentöne wahrzunehmen.

Ich mag das Wort Selbstvergessenheit. Es bedeutet für den Coach: Es geht heute nicht um mich. Der andere bekommt meine ganze Aufmerksamkeit, meine ganze Intuition, meine ganze Erfahrung, Kreativität und Liebe. Ich muss hier nicht beweisen, wie großartig ich bin. Ich stelle mich für die Dauer des Coachings ganz in den Dienst des anderen. Was er denkt, ist wichtig, was er entscheidet, darauf kommt es an. Deshalb erlebe ich viele Coachings als wahnsinnig intensiv. Jede Minute hellwach und aufmerksam, alle Sinne auf den anderen gerichtet, in ständigem Kontakt, in großer Intimität, sich gegenseitig beflügelnd. Oft kommen wir, meine Klientin und ich, wie aus einer Trance aus dem Coaching und verabschieden uns wie gute Freundinnen.

Wer coachen will, sollte wissen: Coachen heißt zwar auch, das Gespräch zu strukturieren und zu führen, aber vor allem der anderen zu dienen. Im Mittelpunkt steht das, was die andere braucht. Sie können ihr helfen, ihre Lösungen zu finden. Mehr nicht (und das ist bereits viel!). Stellen Sie sich ganz in den Dienst der Sache. Hören Sie aufmerksam zu und bleiben Sie bei Ihrem Gegenüber. Respektieren Sie ihre Gedanken und Gefühle. Mit gezielten Fragen und großer Aufmerksamkeit für die Antworten können Sie der anderen helfen, »sich selbst auf die Spur zu kommen«.

5. Wahrnehmen, was ist

Zuhören ist das eine, Hinschauen das andere. Menschen können irgendwo hingucken und nichts sehen. Beim Coachen geht es auch darum, die visuelle Wahrnehmung zu schärfen. Wie guckt die andere, während sie etwas erzählt? Wie reagiert sie auf Fragen? An welcher Stelle stockt sie? Wann verändert sich die Stimme? Ich sehe die »Aber« im Gesicht und in der Körperhaltung meiner Klientinnen, auch wenn sie gar nicht ausgesprochen wurden.

Ohne diese wichtigen Informationen ginge das Gespräch in eine andere Richtung. Wenn Sie nur bei sich sind, alle Informationen sofort irgendwie »einsortieren«, vielleicht sogar schon über eine mögliche Lösung nachdenken, verlieren Sie Ihr Gegenüber. Oft erkennen wir die gestörte Wahrnehmung daran, dass sich die Coachee zurücklehnt und auf uns »wartet«.

Und andersherum funktioniert es genauso. Wenn Sie wissen wollen, ob Sie im Coaching-Gespräch auf dem richtigen Weg sind, achten Sie auf die kleinen Zeichen: Wann zuckt es im Gesicht Ihrer Gesprächspartnerin, wann bekommen die Augen plötzlich Glanz? Wann strafft sich der Körper?

Alfons Schön, der Regisseur meiner Coaching-Sendung im BR, hat mir nach den ersten Aufzeichnungen erzählt, ihm sei aufgefallen, dass meine Gäste im Studio wie »gebannt« mit mir arbeiten würden. Sie würden direkt vergessen, dass sie in einem Studio stehen, Kameras laufen und andere Gäste (und Hunderttausende von Zuschauerinnen) zuhören. Ich glaube, das geht nur, weil auch ich mich ganz auf die Situation und auf meine Gäste einlasse, Kameras hin oder her. Um das zu unterstützen, hatte der Regisseur extra eine kabellose, tragbare Kamera eingeplant, die mich verfolgt, egal wie ich mich bewege und wie ich stehe. Damit war ich noch viel freier, spontan zu handeln und mit der Aufmerksamkeit ganz bei den Coachees zu sein.

Wenn Sie coachen wollen, müssen Sie also Ihre Fähigkeit entwickeln, sich ganz auf Ihr Gegenüber zu konzentrieren. Dadurch entsteht eine Resonanz, die Sie spüren lässt, was die andere spürt. Die Sie Fragen stellen lässt, auf die Sie sonst nicht kommen würden. Arbeiten Sie daran, im Kopf alles andere beiseiteräumen zu können – die Steuererklärung, das undichte Dach, die schlechte Schulnote Ihres Kindes.

Wenn Sie diese absolute Hingabe an den Coaching-Prozess verbessern wollen, eignet sich die »Stopp«-Methode dafür hervorragend:

- Die Gedanken schweifen ab? Holen Sie ein gedankliches Stopp-Schild hervor. Halt! Zurück zu meiner Klientin.
- Sie denken schneller, als die andere reden kann? Stopp!
- Sie haben schon eine Lösung im Kopf, während die andere noch mühsam versucht, die Situation zu beschreiben? Stopp! (Sie können Ihre Idee kurz aufschreiben, damit sie aus Ihrem Kopf verschwinden kann.) Und die ganze Aufmerksamkeit richtet sich wieder ins Hier und Jetzt.

6. Spüren, was fehlt

Coaching ist zielorientiert, aber ergebnisoffen. Es geht nicht darum, nach einer bestimmten Zeit die fertige Lösung zu haben. Setzen Sie auf Impulse, auf die Möglichkeit, Denktüren zu öffnen. Aber arbeiten Sie nicht auf eine schnelle Lösung hin. Mehr noch: Geben Sie sich nicht mit schnellen Lösungen zufrieden. Wenn wir anderen Menschen helfen wollen, geraten wir leicht in die Gefahr, »Abschlüsse« zu machen: »Okay, das klingt gut, das gefällt mir, also machst du das.« Dahinter steckt der Gedanke: So, das ist gut, ich bin zufrieden, jetzt soll der andere losmarschieren.

Aus 30 Jahren Erfahrung weiß ich: Manchmal wollen Menschen, die sich einem Coach anvertrauen, tatsächlich genau das – das erste oder letzte Puzzlestück zu einer klaren Entscheidung. Manchmal wundere ich mich sogar, warum Menschen überhaupt zu mir ins Coaching kommen, obwohl sie eigentlich genau wissen, was sie tun wollen. Ich habe die Erfahrung gemacht, dass diese Klientinnen quasi nur einen »Expertenstempel« wollen: »Ja, mach das!«

Und dann gibt es andere, die kommen eigentlich schon mit klaren Vorstellungen. Ich frage mich, warum machen die das nicht einfach, wenn die Lösung schon so klar ist? Und dann stellt sich heraus: Da ist noch eine tiefere Ebene, die nicht die praktische Lösung braucht, sondern die Möglichkeit zu sprechen – über sich selbst.

Denn funktionieren kann dieser Mensch wahrscheinlich schon sehr gut. Nach außen hin ist er oft sehr erfolgreich: »Mein Job, mein Haus, meine Familie …« Im Coaching braucht er frische Luft zum Atmen, er braucht den Abbau von Druck, das Freilegen von Sehnsüchten, das Zeigen von Ängsten, die Erlaubnis zum Spinnen, den Mut, das Unmögliche zu denken. Und er braucht die Möglichkeit, alles infrage zu stellen, was bisher als selbstverständlich galt.

Was in einem Fernsehstudio nicht möglich ist, zumindest wenn man nicht auf Voyeurismus setzt, kann ein Coach hinter verschlossener Tür bieten: Raum, sich zu entfalten, loszulassen, fließen zu lassen. Raum, ganz klein und ganz groß sein zu dürfen. Die Erlaubnis, zuzugeben, dass man nicht mehr weiterweiß. Und den weiten Horizont, um Träume zu formulieren, für die uns die Familie, die Vorgesetzten, ach, die ganze Welt auslachen würden.

Ich erinnere mich an eine Frau, die ins Coaching kam, um beruflich noch erfolgreicher zu werden. Sie ging mit dem Gedanken nach Hause, wie sie ihre Ehe retten könnte. Im Verlauf des Coachings kamen wir plötzlich durch einen einzigen Impuls (das Alternativrad – siehe gleichnamiges Tool) auf das wirklich drängende Thema, das weder ihr noch mir vorher bewusst war. Deshalb noch einmal eindringlich formuliert: Vorsicht vor zu schnellen Lösungen. Vielleicht verdecken sie nur, was eigentlich zum Vorschein kommen sollte.

7. Die eigene Beschränktheit erkennen

Jetzt kommt eine ganz besondere Gabe ins Spiel: die eigene Beschränktheit zu erkennen, aber sie nicht zum Maßstab zu machen.

Stellen Sie sich vor, Ihr Freund braucht Ihr Ohr, weil er einen kühnen Plan hat. Sie halten diesen Plan für illusorisch.

So ging es mir anfangs manchmal. Da hörte ich in Coachings oder Seminaren von Träumen, die ich selbst für unerreichbar hielt. Wie schnell findet man tausend Gründe, die dagegensprechen. Klientinnen können einem etwas anderes beibringen. Nur weil wir uns etwas nicht vorstellen können, heißt das nicht, dass es unmöglich ist. Nur weil wir andere Erfahrungen gemacht haben, muss die andere nicht scheitern. Nur weil wir uns den Erfolg nicht vorstellen können, muss die andere nicht verrückt sein.

Meine Erkenntnis für alle, die coachen: Wir sind nicht auf der Welt, um anderen ihre Träume zu zerstören. Woher wissen wir, was geht und was nicht? Kennen Sie den Spruch? »Alle sagten, das geht nicht. Dann kam einer, der wusste das nicht und hat es einfach gemacht.« Auch noch so viel Erfahrung sollte nicht dazu verleiten, ein Urteil zu fällen – Daumen hoch oder Daumen runter.

Was wir aber tun können, ist, immer wieder nachzufragen und zum Nachdenken anzuregen: »Wissen Sie, ob jemand für dieses Produkt bezahlen würde?« Wenn nicht: »Wie finden Sie heraus, ob jemand dafür bezahlen würde?« »Was ist der erste Schritt?«

Oder: »Gibt es in Ihrem Unternehmen bereits eine Führungskraft, die nur drei Tage in der Woche arbeitet?« Wenn nicht: »Warum glauben Sie, dass es möglich ist?« »Welche Strategie brauchen Sie dafür?«

Oder: »Interessant, dass Sie Bundeskanzlerin werden wollen. Wissen Sie schon, wie Sie das schaffen wollen?« Wenn nicht: »Wie wird man Bundeskanzlerin?« »Welche Schritte haben Sie in diese Richtung schon gemacht?«

Zu viel Erfahrung im Wirtschaftsleben oder im Leben allgemein droht manchmal in Engstirnigkeit umzuschlagen. Das zu verhindern, ist ein ständiges Bemühen. So wichtig also Lebenserfahrung für den Coach ist, so wichtig ist es manchmal auch, einfach mal den Mund zu halten. Das heißt nicht, Menschen in realitätsfernen Spinnereien zu bestärken: »Natürlich werden Sie schnell fünfstellig im Monat verdienen!« Es heißt aber auch nicht, das Damoklesschwert der Unmöglichkeit über der Klientin zu schwenken. Coaches können helfen, die Chancen nüchtern abzuwägen. Durch die vielen Coachings bin ich auch erfahrener geworden, was meine Meinung angeht. Nein, ich liege nicht immer richtig. Meine Konsequenz daraus: Ich lass mich überraschen.

Und ich möchte Sie noch für eine weitere wichtige Beschränkung sensibilisieren: Wenn wir keine Therapeutin sind, müssen wir unsere Grenzen rechtzeitig erkennen. Ich habe es schon einmal geschrieben, aber man kann es nicht oft genug sagen: Coachen ist nicht Therapieren.

Was können wir tun, um nicht in die Therapiefalle zu tappen? Vor allem darauf achten, nicht zu psychologisieren. Das passiert in unserer Gesellschaft viel zu oft. Wie schnell fallen Bemerkungen wie: »Die hat ein Trauma«. Oder: »Das liegt bestimmt an seiner schweren Kindheit.« Oder: »Der hat einen schlimmen Burn-out.« Und alle reden plötzlich von Narzissten und toxischen Beziehungen.

Im Coaching, insbesondere im Kurzzeit-Coaching, geht es nicht darum, psychische Ursachen für Verhaltensweisen zu entschlüsseln. Lassen Sie es einfach sein. Dafür sind Sie keine Expertin (es sei denn, Sie sind dafür ausgebildet). Und der Stempel, den Sie jemandem dafür aufdrücken, wie er oder sie sich fühlt, kann fatal sein. Coachen heißt nicht Diagnosen zu stellen! Sondern zuhören, Lösungen finden, nach vorn schauen, der Coachee helfen, konkrete Handlungsentscheidungen zu treffen. Das ist alles. Und es ist so viel!

8. Stringent auf die Stärken achten

Es gibt einige Verbote im Coaching, die Sie unbedingt kennen sollten: Dazu gehört vor allem das Herumreiten auf Schwächen. Absolut kontraproduktiv sind Bemerkungen wie: »Das habe ich Ihnen doch schon vor Monaten gesagt …«, »Sie sind aber auch immer so emotional« oder: »Hätten Sie doch rechtzeitig Bescheid gesagt …«. Vorwürfe sind tabu, Schuldzuweisungen sind tabu.

Eigentlich ein guter Gedanke für alle Gespräche mit Ihren Kindern, wenn Sie welche haben – ganz normale Kinder, die sich manchmal nicht die Hände waschen, die Hausaufgaben nicht sofort machen. Daran kann man sie erinnern. Aber man sollte nicht darauf beharren – also kein »Nie machst du …«. Warum sind solche Bemerkungen No-Gos? Sie führen in die Vergangenheit und damit ist niemandem geholfen. Wie sagte man in meiner Familie immer: »Wenn meine Oma Räder hätte, wäre sie ein Omnibus«.

Die Richtung im Coaching geht nach vorn. Und der Fokus liegt auf den Stärken – und nie und nimmer auf den Schwächen. »Okay, heute haben Sie es vielleicht noch nicht geschafft. Hören Sie auf, sich deswegen ständig zu beschuldigen. Jetzt schauen wir mal, was sich ändern müsste, damit Sie Ihre Wünsche durchsetzen können.« Also kein stundenlanges Wundenlecken, keine schmerzhafte Suche nach Schuldigen: »Die anderen sind alle so gemein zu mir.« Schluss damit.

Die wichtige zielführende Frage ist: »Wie können Sie Ihre Stärken einsetzen, um zu einer Lösung zu kommen?« In meinen Vorträgen sage ich immer etwas flapsig: »Der einzige Mensch, den Sie ändern können, ist der, den Sie heute Morgen gewaschen und gekämmt, rasiert oder geschminkt haben.« Und das stimmt!

Wenn es Ihnen gelingt, Ihre Gesprächspartnerin aus der Selbstverachtung und Selbstbeschuldigung herauszuführen, wenn Sie ihr darüber hinaus helfen, die Schuld nicht immer nur bei anderen zu suchen, wenn es Ihnen überhaupt gelingt, das Thema »Schuld« zu beenden und die Erlaubnis fürs Fehlermachen zu vermitteln – dann eröffnen Sie ihr fantastische Perspektiven: Der dunkle Himmel klart auf, die Regenschauer lassen nach, am Horizont zeigt sich ein heller Streifen, die ersten Sonnenstrahlen erhellen die Welt. Es riecht nach Hoffnung.

Und dann eröffnet sich die Möglichkeit, dass die Hilfesuchende zu einer Lösung kommt, zu ihrer Lösung. Und das ist wichtig.

9. Ideen anbieten

Ziel jedes Coachings ist es, dass die Klientin ihre eigenen Lösungen findet. Ziel des Lösungsorientierten Kurzzeit-Coachings ist es, dass die Klientin in möglichst kurzer Zeit ihre eigene Lösung findet. Eine gute Möglichkeit, »Abkürzungen« auf dem Weg zum Ziel zu finden, ist das Einbringen eigener Ideen durch den Coach. Ja, im Lösungsorientierten Kurzzeit-Coaching dürfen Sie Ideen einbringen. Wir reden nicht von Ratschlägen. Die sind tabu!

Doch Klientinnen kommen ja auch zu uns ins Coaching, weil sie hoffen, dass wir sie aus ihrem Gedankenkarussell herausführen und auf neue Ideen bringen. Sie setzen auf unsere Erfahrung und unsere Expertise. Die bringen wir zielführend ein durch Fragen wie »Haben Sie schon einmal daran gedacht, …?« oder »Was wäre, wenn Sie einmal in der Woche …?« oder »Wie würde Ihre Kollegin reagieren, wenn Sie ihr …?«.

Der Erfolg dieses Prinzips beruht auf der Erfahrung, dass Menschen in der Regel für andere klüger sind als für sich selbst. Das heißt, mit etwas Abstand zu einer problematischen Situation kommen einem leichter Lösungsideen.

Ganz wichtig beim Einbringen der Erfahrung und Kreativität des Coaches ist die Einhaltung der »Ratgebergrenze«. Eigene Ideen dürfen nur als Anregung, als »verrückte Idee«, als »Ich denke gerade, was wäre, wenn Sie auch mal …« eingebracht werden. Nur in dieser Unverbindlichkeit kann die Klientin entscheiden, ob sie den Impuls aufgreift oder nicht. Die Erfahrung zeigt, dass Ideen so wirklich nur als solche wahrgenommen werden und die Klientin sich nicht unter Druck gesetzt fühlt.

Damit Coaches die Klientin nicht mit Ideen »überfallen«, hat es sich bewährt, sich zu Beginn sehr zurückzuhalten und erst im Laufe des Coachings mit eigenen Assoziationen herauszurücken. Wenn die eigene »geniale« Idee vom Zuhören abhält, sollten wir sie kurz notieren: »Entschuldigung, ich muss noch schnell etwas aufschreiben, was wir vielleicht später brauchen könnten.« Wenn die Idee, die wir selbst für großartig halten, nicht angenommen wird, ist das ein sicheres Zeichen: Das war meine Idee, die passt zu mir, aber nicht zu meiner Kundin. Weiterarbeiten.

10. Coaching-Gespräche strukturieren

In der Kürze liegt die Würze – das bedeutet für den Coach, auf die Zeit zu achten und die Uhr im Auge zu behalten. Das heißt es liegt in Ihrer Verantwortung, das Gespräch zu strukturieren und dafür zu sorgen, dass in der vorgesehenen Coaching-Zeit der Coaching-Auftrag umgesetzt wird. Der begrenzte zeitliche Rahmen dieser Coaching-Methode unterstützt die Konzentration und Intuition von Coach und Klientin. Die Betonung liegt auf zeitlicher Strukturierung, hier sind Sie als Dienstleisterin in der Verantwortung. Und das kann bedeuten:

- allzu blumige Ausführungen der Klientinnen auch mal zu unterbrechen,
- Dinge durch Nachfragen auf den Punkt zu bringen,

- Ausflüge in die Kindheit wie »Das hat meine Mutter auch immer gesagt« zu stoppen, wenn sie offensichtlich nicht zielführend für die angestrebte Veränderung sind,
- auf die vereinbarten Coaching-Ziele und den zeitlichen Rahmen zu verweisen
- oder sich die Erlaubnis der Klientin einzuholen, das vereinbarte Coaching-Ziel zu ändern.

Denn natürlich kann es auch in LOKC-Coachings vorkommen, dass im Gespräch plötzlich ein wichtiges Thema aufploppt, das im Vorgespräch oder im Fragebogen noch keine Rolle gespielt hat. Vielleicht ist es sogar viel wichtiger als der ursprüngliche Auftrag. Dann ist es am Coach, die Klientin entscheiden zu lassen: »Was ist Ihnen jetzt wichtiger, dass wir beim Thema ›Nein‹ bleiben oder dass wir den neuen Aspekt aufgreifen und eine Lösung dafür suchen?«

Das alles bedeutet nicht, die Klientin zu drängen. Natürlich darf es Gedankenausflüge geben, natürlich darf sie ihre Sätze »selbst zu Ende bringen«. In meiner Coaching-Praxis hat es sich als hilfreich erwiesen, freundlich und klar auf den Zeitaspekt hinzuweisen: »Das ist offensichtlich ein wichtiger Punkt für Sie. Sollen wir uns zehn Minuten Zeit nehmen, um ihn zu beleuchten?« Mit diesem Hinweis auf die Zeit übernimmt die Klientin wieder die Entscheidung: Ja, das Thema ist es ihr wert. Oder sie erkennt: Nein, sie möchte lieber den ursprünglichen Ansatz weiterverfolgen.

Sicherlich wird ein Coach nie nach Ablauf der Zeit sagen: »Das war's, beim nächsten Mal machen wir weiter.« Aber es ist schon angebracht, das Coaching-Gespräch in der vereinbarten Zeit zu beenden (plus 15 Minuten finde ich persönlich okay.) Deshalb möglichst etwa eine halbe Stunde vor Schluss fragen: »Sind Sie einer Lösung nähergekommen? Sehen Sie schon, wie Sie die Sache angehen werden?«

Und 15 Minuten vor Schluss noch einmal auf die To-do-Liste schauen: »Reicht das, damit Sie handeln können? Fehlt noch etwas?« Dann gibt es noch einmal die Möglichkeit, Aspekte aufzugreifen, Strategien zu entwickeln. Und die Klientin in ihrer Selbstwirksamkeit zu unterstützen.

Hilfen zur Umsetzung

Als erwachsene Menschen können die Coaching-Klientinnen die beschlossenen Aufgaben sehr gut allein umsetzen. Ich traue ihnen da viel zu. Manchmal bestärkt es aber den Wunsch, etwas zu verändern, wenn ich mit ihnen einen Termin vereinbare, bis wann sie es tun werden, oder wenn ich sie bitte, mir danach eine Mail zu schicken oder ein Foto. In Seminaren empfehle ich Menschen, die ich kurz gecoacht habe, sich für ihr Vorhaben eine Patin unter den Teilnehmerinnen auszuwählen, die anrufen soll, ob das Vorhaben auch wirklich umgesetzt wurde. Wir können unseren eigenen Entscheidungen manchmal ein Schnippchen schlagen und dann hilft es, wenn jemand nachfragt: »Hast du schon …?«

Ich gestehe meinen Coaching-Kundinnen übrigens genauso zu, dass sie die gefassten Entscheidungen *nicht* umsetzen. Dann lassen sie es eben! Für mich gehört zum Erwachsensein auch, Erkenntnisse zu haben und trotzdem gegen sie zu verstoßen. (Haben Sie gewusst, dass Zigaretten schädlich sind und zu viel Zucker dick macht? Na, sehen Sie.) Jeder Mensch darf selbst entscheiden, ob er etwas verändert oder nicht. Aber die Möglichkeiten und den Preis der Entscheidungen sollte er kennen. Das führt zumindest aus dem Jammertal heraus, in dem viele Menschen gefangen sind. Und jammern heißt immer, die Handlungsfreiheit aufzugeben.

Und auch wenn Klientinnen für die Umsetzung mehr Zeit brauchen, als sie gedacht hätten – die Lebensperspektive der Veränderung (»Ich kann etwas für mein Wohlbefinden tun, auch wenn jetzt noch nicht der Moment ist«) nehmen sie mit. Erst neulich habe ich mich über den Brief einer Frau gefreut, in dem sie schrieb: »Ich weiß nicht, ob Sie sich erinnern. Vor drei Jahren habe ich mich im Coaching bei Ihnen entschlossen, mich selbstständig zu machen. Dann ist ganz viel dazwischengekommen, auch in der Familie. Aber jetzt ist es so weit. Ab dem nächsten Ersten habe ich meine eigene Firma.«

TOOL-KOFFER 2

Spinnen erwünscht

Hier stelle ich Ihnen die nächsten sieben Übungen vor, mit denen Sie im Coaching oder im Selbstcoaching Kreativität fördern können. Der Schwerpunkt dieser Tools liegt auf

- Vorstellungskraft
- Fantasie
- Öffnung
- Um-die-Ecke-Denken
- Unterstützung

Tool 8: Das Drei-Millionen-Euro-Spiel
Wünsche erkennen

Dieses Coaching-Tool ist ein Spiel mit ernsthaften Folgen. Es nutzt die Fantasie der Gecoachten und befeuert ihre Kreativität dadurch, dass es finanzielle Sicherheit vorgaukelt. Materielle Zwänge bleiben außen vor, deshalb kann das Hirn unbesorgt wilde Sehnsüchte und heimliche Wünsche, verrückte Ideen und klare Erkenntnisse schicken – es ist ja nur ein Spiel.

Warum Drei-Millionen-Euro-Spiel? Das Thema Geld spielt eine große Rolle bei der Scheu vor Veränderungen. »Das kann ich mir nicht leisten, ich habe doch finanzielle Verpflichtungen«, höre ich oft. Oder: »Ich möchte aber meinen Lebensstandard behalten.« Das sagen Menschen, denen das Unglück ins Gesicht geschrieben steht, der Magen übersäuert und die Seele bewölkt – aber: »Meinen Lebensstandard möchte ich nicht aufgeben.«

Ins Coaching kommen natürlich meistens die, deren Lebensmodell bereits einen kleinen Riss hat; die schon merken, dass die Bilanz nicht (mehr) stimmt; deren Sehnsucht die Vernunft ab und zu übertönt. Aber auch die bringen eine gewaltige Furcht mit: »Ich kann doch nicht einfach …« Genau dafür habe ich das Drei-Millionen Euro-Spiel entwickelt. Wenn die Angst wegfällt, vor dem finanziellen Nichts zu stehen, dürfen die Sehnsüchte laut werden.

Und das sind die Spielregeln:

Die Ausgangsfrage lautet: Stellen Sie sich vor, Sie erhielten eine Erbschaft über drei Millionen Euro von irgendeinem verstorbenen Verwandten, von dessen Existenz Sie bisher nichts wussten. Sie bekommen das Geld aber nur, wenn Sie berufstätig bleiben. Ob fest angestellt oder selbstständig, halbtags oder ganztags, in Deutschland oder irgendwo sonst in der Welt, bleibt Ihrer Fantasie überlassen. Ein Beispiel: Nur noch in Thailand am Strand liegen, gilt nicht. Eine Tauchschule oder eine Bar in Thailand gründen, gilt schon. Heißt: Sie müssen mit Ihrer Arbeit auch Geld verdienen. Das Geld lediglich zu verwalten, gilt übrigens in diesem Spiel nicht als Arbeit.

Sie können das Geld in eine Berufstätigkeit investieren, Sie können es aber auch als Sicherheit auf die Bank oder unter die Matratze legen. Die Frage ist: Was würden Sie mit drei Millionen im Rücken beruflich tun?

Bei meinen Klientinnen kann ich immer wieder den gleichen interessanten Aspekt beobachten. Im Schutz von drei Millionen Euro wird das Hirn frei, die Fantasie schickt klare Bilder, ja manchmal fertige Konzepte. Die meisten schreiben blitzschnell auf, was sie sich vorstellen. Manche haben sogar zwei oder drei parallele Ideen. Die meisten lächeln, während sie ihre Ideen aufschreiben.

Wenn Sie dieses Spiel im Coaching verwenden, geben Sie Ihren Klientinnen genug Zeit zum Nachdenken und Beschreiben. Fragen Sie nach, was genau der Mensch sich vorstellt. Notieren Sie auch das Lebensgefühl, das mit dieser Idee verbunden ist.

Nach der Kreativphase heißt es, die Idee auf ihre Verwirklichung abzuklopfen: »Stunde der Wahrheit, leider gibt es die Erbschaft nicht.« Jetzt heißt es abchecken, ob für die aufgeschriebenen Szenarien überhaupt so viel Geld notwendig ist. Das kann der Fall sein, wenn jemand ein Hotel im Süden kaufen wollte oder einen Kinder-Bauernhof mit vielen Tieren.

Bei den allermeisten zaubert diese Frage aber schon wieder ein Lächeln ins Gesicht. Sie verstehen sehr schnell: Meistens ist es nicht das Geld, das für Veränderungen fehlt. Sondern meistens sind es ganz andere Gründe: Bequemlichkeit, Angst vor Veränderungen, kein Mut zum Risiko, zu wenig Wissen oder fehlendes Umsetzungswerkzeug. Die Antworten sind in vier Kategorien einzuteilen:

- »Ich würde genau das machen, was ich jetzt auch tue, wäre aber noch freier, wenn ich das Geld im Rücken hätte.«
- »Ich würde genau das machen, was ich jetzt auch tue, aber ich würde meine Arbeitszeit reduzieren.«
- »Ich bräuchte für meine Pläne schon ein kleines Startkapital, damit ich die Übergangszeit überstehen könnte.«
- »Ja, ich brauche für mein Konzept Investitionskapital, aber das könnte ich mir vielleicht bei Banken oder Risikokapitalgebern besorgen.«

Viele Menschen kommen bereits mit anspruchsvollen, qualifizierten, marktgerechten Ideen ins Coaching. So gut wie niemand träumt davon, nur noch im Supermarkt Regale einzuräumen oder gar nichts mehr zu tun. Im Gegenteil, die meisten wissen »eigentlich« ziemlich genau, womit sie Erfolg und/oder mehr Lebensqualität haben könnten. Doch sie brauchen jemanden, der sie in ihrem Plan bestätigt, der ihnen hilft, die wirren Gedanken zu ordnen, oder der dem Plan seinen »Segen« gibt.

Wenn es nicht das Geld ist? Was hindert jemanden daran, seiner inneren Stimme zu folgen, für sein Wohlbefinden zu sorgen und endlich das zu tun, was er sich immer gewünscht hat? Durch aktives Nachfragen können im Rahmen dieses Spieles Ängste sichtbar gemacht werden (»Ich weiß ja nicht, ob das erfolgreich wird«) oder Vorurteile (»Eine Vier-Tage-Woche erlaubt mein Chef mir nie!«). Und sehr oft stößt man auf Prägungen aus der Kindheit: »Kind, mach was Anständiges!«, »Aufgeben gilt nicht!« Oder: »Wer A sagt, muss auch B sagen!«

Es ist wohl kein Wunder, dass ein Großteil der Klientinnen um die 40 ist. Also in dem Alter, in dem man sich schon mal überlegt: »Das kann doch noch nicht alles gewesen sein.« Und in dem man sich von den engsten Kindheitsmustern befreit hat.

Aus dem Drei-Millionen-Euro-Spiel ist schon so manche Existenzgründung entstanden bzw. ein Schritt in diese Richtung. Und manch andere haben sich endlich getraut, ihre Vorgesetzten von einer Arbeitszeitreduzierung zu überzeugen – übrigens auch in Führungspositionen. Und die neu gewonnene Zeit wurde für ein Herzensthema genutzt.

Nehmen Sie die Fantasie Ihres Gegenübers ernst. Coaches sind nicht dazu da, die Träume der Gecoachten zu zerpflücken. Helfen Sie Ihrer Klientin, die Realisierungsmöglichkeiten abzuchecken. Und manchmal stellt sich heraus, dass das erträumte Ziel nur ein Ausdruck für andere Lebenswünsche ist, nach mehr Spaß, mehr Selbstbestimmung, mehr Wärme. Begleiten Sie Ihre Klientin, Wege zu finden, sich diese Wünsche in ihrem »ganz normalen« Leben zu erfüllen. Ganz ohne drei Millionen Euro.

Tool 9: Madonna-Methode
Erkenne dich selbst

»Madonna imponiert mir. Die hat Power. Die macht, was sie will. Die schert sich nicht um die Meinung von anderen Leuten. Und macht 'ne super Musik.« So schwärmte mir vor vielen Jahren eine Frau im Coaching vor. Und wir kamen sehr schnell darauf: Genau das war auch ihr Thema – zu tun, was sie sich wünscht, ohne dauernd auf andere Leute zu hören.

Seitdem gehört die »Madonna-Methode« zum festen Repertoire der LOKC-Tools. Sie eignet sich aber auch sehr gut zum Selbstcoaching. Probieren Sie es doch mal aus: Wollen Sie Ihre Persönlichkeit entwickeln oder noch mehr als bisher Ihre Wünsche und Träume leben? Dann nutzen Sie die Madonna-Methode für Ihr privates »Benchmarking«. Benchmarking nennt man in Unternehmen eine Qualitätsstrategie, mit der man von den besten Mitbewerbern lernen kann: Was machen die besser als wir, wo können wir etwas verändern? Genau so können Sie Ihre Qualität steigern.

Hier die sieben Arbeitsschritte der Madonna-Methode:

1. **Vorbild:** Suchen Sie sich eine Person, die Sie bewundern, verehren oder einfach klasse finden. Es kann sich um einen Menschen aus der Öffentlichkeit handeln (lebend oder historisch): Madonna oder Veronica Ferres, Harald Schmidt oder Sophie Scholl, Brad Pitt oder Mahatma Gandhi, Karl der Große oder Mutter Teresa, Taylor Swift oder Senta Berger, eine Nobelpreisträgerin oder ein Topmanager … Die Person kann aber auch eine Figur aus Literatur oder Film sein: Der kleine Prinz, James Bond, Ally McBeal, Spiderman, Siddhartha, Lara Croft oder Tick, Trick und Track. Ein weiteres Suchfeld: Gibt es Freundinnen, Verwandte, Chefinnen oder Lehrerinnen, die Ihnen imponieren oder früher imponiert haben? Notieren Sie den Namen, egal ob Mann oder Frau, lebend oder gestorben, prominent oder nicht, oben auf ein großes Blatt Papier.
2. **Positiv-Liste:** Schreiben Sie jetzt alle positiven Merkmale auf, die Sie an dieser Person schätzen. Beispielsweise: Sie ist sehr mutig – Sie lebt ihr Leben – Sie ist schlagfertig – Sie singt

super – Sie ist immer fröhlich – Sie ist warmherzig – Sie war immer gerecht – Sie hat so einen herrlichen Humor – Sie vertritt einen klaren Standpunkt ... Versuchen Sie, mindestens sieben positive Eigenschaften zusammenzustellen. Je mehr Eigenschaften Sie finden, desto besser. Lassen Sie hinter jedem Punkt Platz für weitere Notizen.

3. **Abgucken:** Jetzt schreiben Sie zu jeder Eigenschaft dazu, was Sie tun können, um bei sich selbst diese positiven Merkmale zu verstärken. Überlegen Sie sorgfältig, woran es hapert, was sich verändern muss, damit Sie mehr von dieser positiven Eigenschaft bekommen. Das könnte zum Beispiel so aussehen: »Ich werde öfter sagen, was ich will.« »Ich werde in einen Chor gehen.« »Ich werde versuchen, mutiger meinen Standpunkt zu vertreten.« »Ich werde mir Verbündete suchen.« »Ich werde mich trauen, öfter Nein zu sagen.« »Ich werde nicht mehr alles so schrecklich persönlich nehmen« ...
4. **Umsetzen:** Die Erkenntnis ist der erste Schritt, jetzt geht es an die Umsetzung. Erstellen Sie als Nächstes auf einem anderen Blatt eine To-do-Liste, auf der Sie sich weitere kleine Schritte der Veränderung aufschreiben, beispielsweise: »Ich werde in der nächsten Woche mit meinem Chef über einen neuen Bürostuhl sprechen.« »Ich werde meiner Freundin sagen, was mich schon lange stört.« »Ich werde in der nächsten Konferenz Ja sagen, wenn ich gefragt werde, ob ich die Präsentation mache.« »Ich werde mich erkundigen, welche Möglichkeiten es für ... gibt.« Fügen Sie Deadlines hinzu – bis wann wollen Sie was erledigt haben?
5. **Fortschritte:** Schauen Sie nach vier oder acht Wochen nach, was sich verändert hat, was Sie umgesetzt haben und ob Sie Fortschritte gemacht haben. Falls gar nichts in Gang gekommen ist, horchen Sie noch einmal in sich: Was hält Sie davon

ab, etwas zu verändern? Welche Ängste hemmen Sie? Sind es reale oder fiktive Hindernisse? Was kann schlimmstenfalls passieren, wenn Sie Veränderungen wagen? Und was wäre der Gewinn für Sie? Sind Sie bereit, den Preis für den zu erwartenden Benefit zu zahlen? Falls Sie erste Erfolge zu verzeichnen haben: Freuen Sie sich. Und beschließen Sie die nächsten Schritte.

6. **Überraschung:** Das Beste kommt zum Schluss. Aus der Erfahrung vieler Einzelcoachings weiß ich: Sie haben bereits viel von dem Menschen, den Sie bewundern! Denn allein, weil Sie verwandte Seiten erkennen, mögen Sie diese Person. Wenn diese Figur Ihnen völlig wesensfremd wäre, fänden Sie sie längst nicht so attraktiv. Das bedeutet nicht, dass Sie genauso sind wie der Promi. Der Ausschnitt, den Sie beschrieben haben, der hat mit Ihnen zu tun. Wirklich: Es gibt mehr Parallelen als Unterschiede mit Ihrem »Idol«. Also ran ans Feintuning! Damit Ihr eigenes Stärkenprofil noch bunter und kraftvoller wird!

Vom Vorbild lernen

Ihr Vorbild

Welche Person finden Sie gut?

Die Positiv-Liste

Welche positiven Merkmale bewundern Sie besonders?

Sie/Er ist …

Sie/Er hat …

Sie/Er …

Sie/Er …

Sie/Er …

Sie/Er ...

Sie/Er ...

Abgucken

Was können Sie tun, um selbst diese positive Lebenseinstellung zu verstärken?

Ich bin wie sie/er

Ich bin ...

Ich habe ...

...

7. **Gewohnheit:** Lesen Sie jetzt ein paarmal die aufgeschriebenen positiven Eigenschaften in der Ich-Form. Nicht zögern, wenn Sie über sich sagen müssen, Sie seien »bildschön« oder »sexy« oder »intelligent«. Manche Eigenschaften müssen Sie vielleicht auf Ihr Leben übersetzen. Statt »großer Schauspieler« können Sie eventuell sagen »hervorragende Mitarbeiterin«, statt »hat sechs Kinder« »liebt Kinder«. Die Erfahrung aus zahllosen Coachings zeigt: Am Anfang klingt das alles noch sehr, sehr fremd. Aber schon beim dritten Hersagen in der Ich-Form stellt sich eine gewisse Selbstverständlichkeit ein. Ja, so sind Sie!

Vertrauen Sie im Coaching meiner Erfahrung: Die Übereinstimmungen sind absolut verblüffend. Ermutigen Sie Ihre Coachee am Anfang der Übung, einen Prominenten zu finden, den sie gut findet. Dann ist die Überraschung noch größer, wenn sie Übereinstimmungen erkennt. In seltenen Ausnahmen findet jemand einen anderen nur deshalb gut, weil er »so ganz anders ist als ich«. Dann gilt es noch mehr herauszuarbeiten: Was kann sie/er tun, um mehr von den bewunderten Eigenschaften bei sich zu entwickeln?

Tool 10: Die Anti-Anti-Strategie

Ums Eck denken

Frage ich Klientinnen im Coaching nach Lösungsmöglichkeiten, setzen sie sich oft so unter Stress, dass ihnen überhaupt nichts mehr einfällt. Dann greife ich gern zu diesem Tool: Wir beginnen dabei mit den Überlegungen, die ganz bestimmt verhindern, dass die Klientin ihr Ziel erreicht.

Ein Beispiel: Steffi, 34, möchte ihr Verhältnis zu ihrer Schwiegermutter verbessern. Aber sie weiß nicht, wie. Also frage ich erst nach den Möglichkeiten, das Verhältnis total zu zerstören. Sie kommt auf folgende Ideen:

- Ihr mal tüchtig die Meinung sagen.
- Gar nicht mehr mit ihr reden.
- Die Tür nicht öffnen, wenn sie klingelt.
- Hausverbot aussprechen.
- Zu keiner Familienfeier mehr einladen.
- Ihre Telefonanrufe nicht beantworten.
- Ihr verbieten, ihren Sohn zu treffen.
- In der ganzen Verwandtschaft böse über sie reden.
- Ihr gehässige Briefe schreiben.

Um ehrlich zu sein: Das diebische Vergnügen bei dieser Übung ist Steffi schon anzusehen, ihre Ideen sprudeln nur so. Das heißt: Die Kreativität ist angeschubst.

Ich scheibe Steffis Ideen auf die linke Seite eines Blattes Papier unter die Überschrift: Anti-Methode.

Im zweiten Schritt bitte ich Steffi, jetzt einfach immer das Gegenteil von dem zu sagen, was dort steht. Ohne Wertung.

- Das Gespräch suchen und freundlich sein.
- Mehr mit ihr reden.
- Sie freundlich empfangen, wenn sie kommt.
- Sie häufiger einladen.
- Zu Familienfeiern einladen.
- Ihre Telefonanrufe beantworten.
- Sie ermutigen, ihren Sohn zu treffen.
- In der ganzen Verwandtschaft nett über sie reden.
- Ihr einen freundlichen Brief schreiben.

Diese Antworten schreibe ich daneben. Über diese Liste kommen wir intensiv ins Gespräch. Steffi leidet darunter, dass sie glaubt, die Schwiegermutter mag sie nicht. Aber sie weiß nicht, warum. Ihr Mann versteht das Ganze sowieso nicht. Steffi beschließt, einen neuen Anfang zu wagen. Sie will sich allein mit der Schwiegermutter auf neutralem Boden, am besten in einem Café, treffen und ohne Vorwürfe oder Anklage ins Gespräch kommen. »Wir hatten noch gar nicht so viele Möglichkeiten, mal allein miteinander zu reden. Ich würde dich gern besser kennenlernen …«

Dieses Tool eignet sich für alle Lebensbereiche: »Wie können wir die Firmenfeier zum Desaster machen?« – »Wie zerstört man Teamgeist?« – »Wie wird unser Urlaub ganz bestimmt zum Horror?« – »Wie finde ich bestimmt keinen neuen Job« – »Wie machen wir unsere Nachbarn zu Feinden?«

Die Umdrehung führt zu positiven Impulsen.

Die Anti-Methode	Die Anti-Anti-Strategie

Tool 11: Ärger-Management

Stress abbauen

»15 Sekunden Ärger ist Reflex, danach entscheidet man sich, sich zu ärgern.« So heißt ein kluger Spruch. Aber er ist nicht immer hilfreich. Manchmal kommen Menschen von selbst aus dem Ärger nicht mehr raus. Dann brauchen sie jemanden, der ihnen helfen kann, den Weg aus der Verstimmung zu finden. Denn meistens steckt ein anderes Thema dahinter. Das Mittel dazu ist aktives Zuhören, das heißt genau hinhören, aufnehmen, was der andere gesagt hat, und weiterführendes Nachfragen. Dabei überlässt man der Coachee die Verantwortung für ihr Problem bzw. ihren Wunsch, hilft aber bei der Formulierung desselben und bei der Ideenfindung zur Umsetzung. Am besten kann ich Ihnen das an einem Beispiel erklären:

Robert, 31, kaufmännischer Angestellter, kommt ins Coaching, weil er über seine berufliche Situation nachdenken will. Er hat nach der Geburt seines Sohnes Elternzeit genommen und hütet fünf Monate lang seinen kleinen Maximilian, während seine Frau Andrea wieder arbeiten geht. Sehr bald kommt das Gespräch auf einen Vorfall, der Robert fürchterlich geärgert hat. Er wird ganz blass, als er die Situation schildert, und seine Empörung klingt aus jedem Satz. Sein Schwager hat ihn wohl bei einer Familienfeier vor der ganzen Verwandtschaft als Weichei verhöhnt, weil er für das Kind zu Hause bleibt.

»Warum hat Sie denn diese Bemerkung so geärgert?«

»Dieser Faulpelz, der soll doch den Mund halten.«

»Warum bezeichnen Sie ihn als Faulpelz?«

»Der sitzt den ganzen Tag in seiner Werkstatt, wartet auf Kunden und kriegt nichts gebacken.«

»Warum nehmen Sie ihm seine Bemerkung dann so übel?«

»Vor der ganzen Familie hat er mich lächerlich gemacht.«

»Wie haben die Verwandten reagiert?«

»Na, gelacht haben sie halt.«

»Was hätten Sie sich für eine Reaktion gewünscht?«

Robert zieht eine Grimasse, zuckt mit den Schultern.

»Hätten sie Sie verteidigen oder sich zumindest auf Ihre Seite stellen müssen? Oder etwas anderes?«

»Ach, die meisten sind mir doch total egal.«

»Und wer ist Ihnen nicht egal?«

Robert windet sich, er ist immer noch aufgebracht.

»Von wem hätten Sie sich Solidarität erwartet?«

»Na, meine Frau hätte ja zumindest zu mir stehen können.«

»Hat sie das nicht gemacht?«

»Na ja, sie hat halt mitgelacht.«

»Hat Sie das geärgert?«

»Nja.«

»Haben Sie ihr das gesagt, dass Ihnen das nicht gefallen hat?«

»Nein, so direkt nicht.«

»Wie indirekt denn?«

»Na, sie hat schon gemerkt, dass ich sauer war.«

»Auf sie?«

»Nein, so allgemein.«

»Hm.« Ich schweige und warte.

Dann bricht es aus ihm heraus:

»Sie versteht einfach nicht, dass das nicht so einfach ist, als Mann diese Rolle zu übernehmen. Sie hätten mal meine Kollegen hören sollen, als sie davon erfahren haben. Die haben gefeixt, ob ich denn schon ein rosa Schürzchen hätte, und lauter so einen Schmarrn.«

»Hat Sie das Überwindung gekostet, die Elternzeit zu beantragen?«

»Ja, natürlich. Mein Chef hat mir gleich signalisiert, dass mir das beruflich schaden wird. Eine Beförderung kann ich mir jedenfalls schon mal abschminken.«

»Machen Sie sich Sorgen, wie es nach den fünf Monaten weitergeht?«

»Ja, sicher. Ich bin erst mal raus, ein Kollege macht jetzt meinen Job. Ich weiß doch nicht, was wird, wenn ich wiederkomme.

Ob ich dann nicht auf irgendeinen blöden Posten abgeschoben werde.«

»Haben Sie das mit Ihrem Chef besprochen?«

»Der hat sich bedeckt gehalten. Schauen wir mal, hat er gesagt.«

»Nicht gerade beruhigend, was?«

»Nein. Aber ich wollte auch gern für meinen Sohn da sein. Meinen Vater habe ich ja während meiner ganzen Kindheit fast nicht gesehen.«

»Und Sie möchten ein anderer Vater sein?«

»Ja.« Er lächelt das erste Mal.

»Dann sind Sie ja ein echter Vater-Pionier?«

Er lächelt verlegen, nickt.

»Weiß Ihre Frau, welches berufliche Risiko Sie für Ihre Entscheidung auf sich genommen haben?«

»So genau nicht.«

»Haben Sie ihr das nicht erzählt?«

»Sie hat sich so auf die Rückkehr in ihren Job gefreut. Sie kann noch schlechter wegbleiben als ich, sie ist IT-Spezialistin.«

»Wäre es hilfreich, wenn Sie offen mit ihr darüber sprechen würden?«

»Ja, vielleicht.«

»Was würde das bringen?«

»Sie würde vielleicht sehen, dass es auch nicht einfach für mich ist.«

»Wann werden Sie mit ihr sprechen?«

Robert stutzt, überlegt. »Ähm, am Wochenende.«

»Erzählen Sie ihr auch von Ihrem Ärger wegen Ihres Schwagers?«

»Kann ich machen, aber das ist schon nicht mehr so wichtig. Ich würde lieber mit ihr darüber sprechen, wie es beruflich für mich weitergeht. Ich könnte mir vorstellen, …«

Robert hat den Ärger offensichtlich abgeschüttelt. Wir sind in aller Ruhe auf das viel wichtigere Thema gekommen, nämlich seine Sorge, wie seine berufliche Zukunft aussehen wird. Und wir haben danach sehr spannende Pläne entwickelt.

Am Schluss des Coachings sage ich Robert: »Danken Sie Ihrem Schwager, er hat den richtigen Pfeil abgeschossen.« Robert lacht.

Ärger ist sehr oft das Symptom dafür, dass hinter der Aufregung ein anderes bedeutendes, aber verstecktes Thema wartet. Oft wundern wir uns, worüber sich andere Menschen so aufregen können. »Haben die sonst keine Sorgen?«, fragen wir uns dann. Doch, haben sie, deshalb reagieren sie ja so gereizt.

Daher bringt es meistens wenig, den Verärgerten zu trösten, mit »Ach, ist doch nicht so schlimm«, oder ihn gar anzustacheln: »Ja, sag deinem Schwager mal ordentlich die Meinung!« Beides geht an den Ursachen vorbei, es kann im Gegenteil dafür sorgen, dass die Wagenburg noch enger gestellt wird, in die der Ärger einen Menschen treibt. Das aktive Zuhören ist eine Möglichkeit, Menschen aus dem Ärger herauszuführen. Und auf das viel wichtigere Thema »dahinter« zu kommen.

Variante

Es sind oft nicht die großen Konflikte, die uns das Leben versauen, sondern die vielen kleinen Ärgernisse, die uns jeden Tag stören. Mit dieser Variante des Tools können Sie mit Ihren Klientinnen herausfinden, was sie möchten: Etwas an der Situation ändern? Oder sich nicht mehr ärgern?

Schritt 1:

Worüber ärgern Sie sich immer wieder? Nehmen Sie sich Zeit zum Überlegen, erinnern Sie sich an Ärgernisse und beschreiben Sie dann die Situation.

Ist-Situation: Nehmen wir ein einfaches Beispiel. Daniel ärgert sich jeden Morgen über das quietschende Gartentor des Nachbarn. Es reißt ihn um halb sechs Uhr aus dem Schlaf, obwohl er erst um sieben aufstehen müsste.

Schritt 2:

Jetzt betrachten Sie Ihr Ärger-Projekt von allen Seiten: Was soll sich ändern? Sollen sich andere ändern? Können Sie etwas ändern? Oder wollen Sie sich einfach nicht mehr darüber ärgern?

Ziel: Daniel ist aufgebracht. Er will, dass der Nachbar mehr Rücksicht nimmt. Auf meine Nachfrage wird er präziser: »Ich will mich mit dem Nachbarn nicht anlegen. Eigentlich will ich doch einfach nur länger schlafen.«

Schritt 3:

Mit welcher Strategie können Sie den Ärger aus der Welt schaffen? Was können Sie ganz konkret tun?

Strategie: Daniel überlegt, dass er dem Nachbarn einen Zettel in den Briefkasten werfen könnte: »Bitte machen Sie was mit Ihrem quietschenden Gartentor!« Dann kommt er auf eine andere Idee, die ihn zum Lächeln bringt: »Ich könnte morgen früh, bevor ich zur Arbeit fahre, einfach die Scharniere des Tores mit etwas Schmieröl einsprühen, dass ich auch für mein Garagentor nehme. Mal sehen, wann der Nachbar merkt, dass es gar nicht mehr quietscht.«

Tool 12: Schwarmintelligenz-Kick

Lassen Sie sich helfen

Ein wunderbares Tool zum Selbstcoachen und zum Coachen von anderen. Voraussetzung: wohlmeinende Freunde und/oder Familie. Dieses Tool nutzt die Intelligenz und Erfahrung verschiedener Menschen.

Schwarmintelligenz – was ist das denn? Und was hat sie mit Coaching zu tun? Viele Fische sind klüger als einer. Viele Ameisen wissen mehr als eine. Eine Affenhorde ist klüger als ein Einzelgänger. Und viele Menschen sind auch klüger als einer allein. Jedenfalls ist das die Annahme von Wissenschaftlerinnen. Schon der griechische Philosoph Aristoteles schrieb in *Politik*, einem Buch über die Intelligenz von vielen Menschen, zusammen: »Denn es sind viele und jeder hat einen Teil an Tugend und Einsicht. Wie sie zusammenkommen, so wird die Menge wie ein einziger Mensch, der viele Füße, Hände und Wahrnehmungsorgane hat und ebenso, was den Charakter und den Intellekt betrifft.«

Gerade im Selbstcoaching können Sie sich diese Überlegungen zunutze machen. Klientinnen überlegen vielleicht,

- ob sie sich selbstständig machen sollen;
- womit sie sich nach ihrem Eintritt ins Rentenleben beschäftigen sollen;
- wie sie die Kinderbetreuung organisieren, wenn sie wieder in den Beruf einsteigen;
- wie sie das Verhältnis zu ihrem Chef, ihrer Chefin verbessern können;
- was sie mit ihrem dementen Vater machen können;

- ob sie ihren 50. Geburtstag groß feiern wollen und ob das nicht zu viel für sie wird.

Sie kennen die Mühen solcher Überlegungen. Allein darüber nachzudenken, ist oft richtig ätzend. Die Gedanken drehen sich im Kreis. Oder man hat totale Hirnleere. Da hilft die Schwarmintelligenz. Sie kann einen Kick geben, der das Hirn freipustet und die Türen zu neuen Lösungen öffnet. Hier zwei Beispiele, wie ich dieses Tool im Coaching genutzt habe.

Erstes Beispiel: Ich habe mit einer Klientin gearbeitet, nennen wir sie Beate. Sie war sich nicht sicher, ob sie sich mit der Tätigkeit, die sie als angestellte Beraterin ausgeübt hat, vielleicht selbstständig machen könnte. Wir kamen im zweistündigen Coaching nicht weiter, sie hatte zu viele Zweifel, die wir nicht ausräumen konnten.

Ich habe ihr nach einer Stunde vorgeschlagen, dass sie Menschen aus ihrem Umfeld zu einer Schwarmintelligenz-Session einladen könne: Kolleginnen und Familienangehörige, vielleicht sogar Geschäftspartnerinnen, die sie gut kennen und die ihre Arbeit, ihre Persönlichkeit und vielleicht die Branche einschätzen könnten. Nach dieser Session könnten wir uns wieder zur zweiten Coachingstunde treffen.

Beate war sofort von der Idee begeistert. Sie lud zehn Personen aus ihrem beruflichen Umfeld zu einer Ideenrunde an ihrem Wohnort ein. Acht erklärten sich bereit teilzunehmen.

Mit dem Ergebnis der Schwarmintelligenz-Runde kam sie zurück ins Coaching. Strahlend. Alle hatten ihr versichert, dass sie ihre Chancen als sehr gut einschätzen würden. Einige hatten ihr hilfreiche Tipps gegeben oder sogar eine spätere Zusammenarbeit angeboten. Beate machte sich kurz darauf selbstständig und hat seit Jahren ein anerkanntes Beratungsunternehmen in ihrer Branche.

Zweites Beispiel: Lena, 28, hadert im Coaching mit ihrem Selbstbewusstsein. Sie kann nicht benennen, welche Fähigkeiten sie hat, welche Erfolge sie in ihrem Beruf hatte – und überhaupt stellte sie ihre Persönlichkeit infrage. Ich widerstand dem Wunsch, ihr zu sagen, dass sie doch eine tolle junge Frau ist. Ich schlug ihr stattdessen vor, fünf »wohlwollende« Personen aus ihrem Umfeld zu fragen, wie diese sie sehen:

- Wie würden sie ihre Stärken benennen?
- Wo sehen sie ihre privaten und beruflichen Erfolge?
- Und was schätzen sie besonders an ihr?

Lena machte spontan eine Liste von sieben Namen. Und schrieb dann zögernd einen achten darauf – ihren Vater. »Der hat mir noch nie gesagt, wie er mich sieht, ob er überhaupt etwas gut an mir findet.« Sie wollte allen eine Mail mit den drei Fragen schicken. Vor der Antwort ihres Vaters war ihr am meisten bange. Mit den Ergebnissen würde sie zurück ins Coaching kommen.

Es dauerte ein paar Wochen, bis Lena sich traute, die Fragen abzuschicken. Dann tat sie es doch. Die Antwort ihres Vaters kam als erste – 30 Minuten, nachdem er die Fragen erhalten hat. Lena hatte Tränen in den Augen, als sie mir seine Antwort vorlas, die auch mich rührte: warmherzig, liebevoll, wohlwollend, respektvoll und anerkennend. Wie sie denn überhaupt an sich zweifeln könne, sie sei wunderbar.

Alle anderen Antworten waren ähnlich positiv, verstärkend, aufbauend. Manchmal kann die Schwarmintelligenz ein Gamechanger sein.

Und so können Sie die Schwarmintelligenz für sich nutzen

Laden Sie sich Menschen, deren Meinung Sie schätzen, möglichst aus unterschiedlichen Bereichen, zu einer Schwarmintelligenz-Session ein. Die Einladung könnte so lauten:

»Liebe Freunde, liebe Familie, ich brauche Eure Intelligenz, um auf eine tragfähige Lösung zu kommen. Ich lade Euch deshalb am Sonntagnachmittag um 15 Uhr zu einer Schwarmintelligenz-Konferenz ein. Kreativität fördernde Getränke und Speisen werden gereicht. Damit Ihr Euer Hirn schon einmal auf Ideenfindung schicken könnt: Es geht um die Frage, was ich Sinnvolles tun kann, wenn ich in drei Monaten in Rente gehe. Ich möchte mich engagieren, etwas auf die Beine stellen, etwas mit anderen Menschen unternehmen. Und dabei brauche ich Eure Erfahrung und Klugheit.«

Machen die anderen mit? Meine Erfahrung: Ja. Menschen freuen sich, wenn sie um Hilfe gebeten werden. Sie fühlen sich geschätzt, wenn man ihre Ideen hören möchte. Und: Für andere fallen ihnen immer leichter Lösungen ein als für sich selbst.

Überlegen Sie also als Erstes: Wofür brauche ich die Ideen der Menschen, die mich gut kennen? Und wem traue ich zu, dass er oder sie mich weiterbringen könnte? Laden Sie am besten zwischen drei und sieben Personen ein. Weniger ist für den Schwarm zu wenig, mehr wird zu unübersichtlich und ausufernd.

Jetzt sitzen also alle um Ihren Kaffeetisch (oder im gemeinsamen Zoom-Meeting) zusammen. Legen Sie einen großen Bogen Papier neben oder vor sich und einen Stift. Und dann:

Stellen Sie Ihre Frage ausführlich vor. Wofür brauchen Sie eine Lösung? Und welche Gedanken sind Ihnen selbst schon gekommen?

Bitten Sie alle nacheinander, ihre Gedanken dazu zu äußern. Notieren Sie die einzelnen Ideen. Ganz wichtig in diesem Stadium: nicht ablehnen, nicht bewerten, nicht rechtfertigen … einfach zuhören und aufschreiben.

Fragen Sie nach, wenn Sie etwas interessant finden, die Idee für einen ungewöhnlichen Ansatz halten, wenn Sie verwirrt sind oder etwas nicht verstehen. »Locken« Sie durch Nachfragen die Anregungen aus Ihren Gästen heraus. Lassen Sie die einzelnen Ideen diskutieren, wenn Sie mögen, so bekommen Sie noch mehr Pros und Kontras. Fragen Sie auch, wer Ihnen bei der Umsetzung dieser interessanten Ideen helfen könnte: Wer hätte Spaß daran, wer kennt jemanden, wer weiß, wie …?

Abschließend bedanken Sie sich für den Input. Erläutern Sie, was Ihnen der Gedankenaustausch gebracht hat und wie Sie glauben, jetzt weitermachen zu können. Sie müssen nicht sofort entscheiden, was Sie tun oder umsetzen werden. Lassen Sie die Ideen erst einmal sacken.

Tool 13: Die Feenfrage

Klassiker im Coaching

Sie müssen nicht an Märchen glauben, um mit diesem Coaching-Impuls ganz starke Fantasieschübe zu nutzen. Die Ausgangsfrage lautet: »Wenn eine Fee Ihnen alle Wünsche erfüllen würde, ich meine wirklich alle, wie würde Ihr Leben ab sofort aussehen?« Ja, das ist wie Weihnachten und Ostern an einem Tag, oder? Von kindlicher Freude bis zu »vernünftiger« Skepsis reicht die Palette der Reaktionen, die man daraufhin in Coachings erleben kann.

Wenn Sie mit diesem Impuls arbeiten wollen, braucht es tatsächlich die Fähigkeit und die Bereitschaft zum Träumen. Spinnen erlaubt! Menschen hatten immer schon diesen Traum, dass ihnen jemand jeden Wunsch erfüllt – von »Aladin und die Wunderlampe« bis zur »Kleinen Hexe«.

Die Feenfrage kann im Coaching und im Selbstcoaching die Fantasie anregen und gleichzeitig den »inneren Kritiker« zum Schweigen bringen, der Menschen allzu oft abhält, ihre Sehnsüchte und Träume zu formulieren, ja, viel früher noch, sie überhaupt zu erkennen. Hier ein Coaching-Beispiel:

Ich gehe mit einer Klientin an der Isar entlang. Meine Erfahrung ist: Bewegung macht kreativ. Wenn die Füße laufen, bekommen die Gedanken die Chance, ebenfalls zu wandern. Und das ist manchmal hilfreich, wenn ein Coachee sich an einem Punkt »verhakt« hat.

Wir hören die Vögel zwitschern und genießen das erste Frühlingsgrün an den großen Buchen. Die Sonne wärmt uns. Der Himmel spannt sich strahlend blau über München. »Ist das schön hier«, seufzt sie. »Wenn jetzt plötzlich eine Fee vor uns stünde«, ich versuche es ganz sanft, »und würde sagen: Barbara, du darfst dir dein Leben wünschen, wie du es willst. Welches Leben würden Sie sich wünschen?«

Sie fängt mit träumerischer Stimme an zu reden: »Ich würde mir wünschen, mit Klaus, meinem Freund, zusammenzuleben. Am liebsten hier in München. Der mag die Stadt auch so gern.«

»Was würden Sie beruflich tun?«

»Es ist ja ein Traum – oder?«

Ich nicke.

»Dann hätte ich gern ein kleines Café, ein Tagescafé, irgendwo in Schwabing. Mit leckerem Kaffee und selbstgemachten Torten. Klaus arbeitet in einer Rechtsanwaltskanzlei hier in München und abends treffen wir uns zu Hause und sitzen auf unserer Dachterrasse. Und wir haben Kinder, zwei, einen Jungen und ein Mädchen.«

»So, und jetzt lassen Sie uns zurückgehen und überlegen, wie Sie aus dem Traum ein Ziel machen können.«

Ich denke an einen Spruch, den mir mein Supervisor einmal aufgeschrieben hat: »Gibt's keine Fee, brauchst du selbst 'ne Idee.« Ich liebe die Feen-Intervention, weil sie Menschen innerhalb von Sekunden dazu bringt, aus dem Gefängnis ihres »Ja, aber«-Denkens herauszukommen und einmal sagen zu dürfen, was ihre Sehnsucht ihnen schenkt. Dass es keine Fee gibt, wissen sie selbst, und es fällt ihnen in der Regel recht leicht, das Reale und vor allem das zu Realisierende aus dem Traum herauszufiltern.

Im Coaching-Raum schreiben wir anschließend alle Elemente des Feentraums auf einzelne bunte Karten und legen sie auf dem großen Tisch aus.

»Was ist unrealistisch und was wäre tatsächlich möglich?«, frage ich meine Klientin.

Sie denkt lange nach und schiebt dann zwei Karten weg. »München bleibt wohl erst einmal ein Traum. Das Café – na, ich weiß nicht. Mit Klaus zusammenzuziehen, ist das Einfachste.« Sie hält die Karte in den Händen und legt sie dann direkt vor sich.

»In der Wohnung Ihrer Eltern?«, frage ich zweifelnd.

Sie schüttelt energisch den Kopf. »Nein, wir würden uns eine Wohnung in Frankfurt suchen. Dann hört auch die ewige Fahrerei auf.«

»Möchte Ihr Freund das denn?«

Sie strahlt, zum allerersten Mal. »Ja, er hat mich schon gefragt.«

»Wie hoch schätzen Sie die Realisierungschance ein?«

Sie verzieht das Gesicht. »Ich müsste diese Entscheidung meinen Eltern verkaufen.«

»Und?«

»Puh, das wird schwer.«

»Aber es ist möglich. Sie sind eine erwachsene Frau. Da ist es doch nur verständlich, dass Sie mit dem geliebten Mann zusammenleben wollen, eine Familie gründen.«

»Sie kennen meinen Vater nicht. Dem ist keiner gut genug.«

»Darauf kommt es nicht an. Er muss Ihnen gut genug sein.«

Sie nickt versonnen. »Ja, das ist er.«

»Sie würden also riskieren, Ihre Eltern zu enttäuschen?«

»Ehrlich, ich weiß es nicht. Ich muss darüber nachdenken.«

»Ja, das ist gut. Und was ist mit dem ungeliebten Job?«

»Ich würde gern noch einmal eine Ausbildung machen. Eine frühere Chefin von mir besitzt eine große Eventagentur in Frankfurt. Für die würde ich gern Veranstaltungen organisieren. Und vielleicht könnte ich mich da zur Eventmanagerin weiterbilden. Ich habe gehört, da kann man auch ganz gut verdienen. Ich merke, dass mir das sehr liegt, mit Menschen zu arbeiten und tolle Veranstaltungen zu organisieren.«

»Haben Sie schon einmal mit ihr darüber gesprochen?«

»Nein.«

»Wann werden Sie es tun?«

»Bis zum Sommer?«

»Warum wollen Sie so lange warten?«

»Ich weiß nicht, eigentlich könnte ich sie gleich morgen mal anrufen und mich mit ihr verabreden.«

»Gute Idee, schreiben Sie es auf.«

Meine Klientin füllt ihre To-do-Liste aus:

- Mit Klaus reden wegen Zusammenziehen, heute Abend.
- Frau X. anrufen wegen Eventagentur, morgen.
- Mit den Eltern reden wegen Wegziehen. Bis Ende Mai.
- Wohnung in Frankfurt suchen. Ab sofort.

»Sind Sie zufrieden mit dem heutigen Tag?«, frage ich meine Klientin am Ende des vierstündigen Coachings.

»Ich bin aufgeregt und etwas verwirrt. Aber ich freue mich auch. Das Schlimmste wird das Gespräch mit meinen Eltern werden. Da habe ich schon Angst davor.«

»Ja, das ist verständlich. Ich wünsche Ihnen ganz viel Kraft dafür.«

Am Schluss schreibt sie sich – wie alle meine Coaching-Klienten – selbst eine Postkarte. Wir schicken sie ihr zwei Wochen nach dem Coaching zu.

Sie schreibt zwei Wörter darauf: »Trau dich!«

Sie haben die schlechte Nachricht sicher schon verstanden: Es gibt keine Fee. Die gute Nachricht: Viele unserer Wünsche und Sehnsüchte können wir selbst verwirklichen. Wenn Sie mit diesem Coaching-Tool arbeiten, achten Sie darauf, dass die kritische Stimme, die sich immer wieder frech und unerbittlich zu Wort meldet, gestoppt und auf später vertröstet wird – im Sinne von: »Halt jetzt bitte die Klappe, später darfst du alle Einwände bringen, die du weißt. Aber jetzt: pssst.« Die Wünsche an die Fee dürfen wild und unersättlich, maßlos und anmaßend sein, ach, eben völlig gaga.

Lassen Sie die Wünsche auf einem Blatt Papier notieren, noch besser: jeden Wunsch einzeln auf einen Zettel oder auf eine Karte, Stichworte genügen. Sorgen Sie dafür, dass viele Karten zur Verfügung stehen.

Dann, wenn die Fantasie erlahmt ist und wirklich keine Idee mehr perlt, schauen Sie sich die Wünsche an und beginnen Sie, die Karten/Zettel zu sortieren. Auf die eine Seite kommen die Karten, die wohl wirklich Wunschdenken bleiben: Eiskunstlaufweltmeisterin werden – Zehn Millionen im Lotto gewinnen – Ein berühmter Afrikaforscher sein – 20 Zentimeter größer sein … Die Kriterien zum Aussortieren: Ist aus eigener Kraft nicht zu erreichen oder in diesem Leben nicht mehr zu schaffen.

Auf die andere Seite kommen die Karten, für die vielleicht gar keine Fee nötig ist, nach dem Motto: »Gibt's keine Fee, brauchst du selbst 'ne Idee.« Sortieren Sie die hoffentlich reichlich übrig gebliebenen Karten nach der *Leichtigkeit der Umsetzung*. Was ist ganz einfach zu verwirklichen? Vielleicht mag Ihre Klientin damit gleich anfangen? Was ist ein ernsthaftes Ziel, für das es sich lohnt, sich ein Konzept, einen Plan zu machen? Ihre Gedanken werden anfangen zu kreisen. Und das ist gut.

Dieser Coaching-Impuls fordert Sie in besonderer Weise: Sie müssen Ihre Coachee in ihrer Fantasie bestärken und gleichzeitig darauf achten, dass sie die Wünsche konkret und detailliert beschreibt, sonst bleibt es ein konfuser Traum, der sich schwer in konkrete Schritte umsetzen lässt. Achten Sie deshalb darauf, wenn sich Ihre Coachee selbst in ihrer Fantasie stoppt, dass Sie sie direkt anfeuern: »Kommen Sie, was gibt es da noch? Wie sähe das aus?« Und: Schreiben Sie die Wünsche mit, dann hat die andere die Chance, ungestört zu »spinnen«.

Tool 14: Was wäre, wenn …
Selbstbild stärken

Das ist ein kleines feines Tool, das mit einer anderen Vorstellung der Klientin von sich selbst spielt. Wie oft hören wir im Einzelcoaching: »Ich trau mich nicht. Ich habe Angst vor … Ich weiß nicht, ob ich das kann …«

Nochmal zur Erinnerung: Es ist nicht unsere Aufgabe als Coach, unserer Klientin einzureden oder sie zu überzeugen, dass sie das schon erreichen wird, was sie sich wünscht. Die Rolle von LOKC-Coaches – in dieser vertrauensvollen Beziehung des Fragens und Antwortens, des Schwäche-zeigen-Dürfens und Stärken-erkennen-Könnens – ist eine andere. Sie dürfen keine eigene Absicht haben, wenn Sie coachen! Außer, in der vereinbarten Zeit das Beste zu geben. Sie streben keinen Leistungsbeweis an. Sie geben in der Zeit des Coachings alles, um Ihrer Klientin gerecht zu werden, ihr mit den Mitteln des Coachings zu helfen, ihre Selbstwirksamkeit zu stärken. Ihr Job ist es, ihr in den zwei oder vier Stunden Wege aufzuzeigen, ihre Ressourcen zu entdecken, innere Widerstände zu überwinden oder auf die eine gute Idee zu kommen, auf die sie allein vielleicht nicht gekommen wäre.

Und manchmal braucht es wirklich nur einen Impuls, wie dieses »Was wäre, wenn …?« Stellen Sie Ihrer Klientin, wenn sie sich als schwach oder machtlos empfindet, eine dieser Fragen: »Was wäre, wenn …

- … Sie groß und stark wären?
- … Sie mutig wären?
- … Sie tollkühn wären?
- … Sie keine Angst hätten?

- … Sie selbstbewusst wären?
- … Sie von Ihrer Idee überzeugt wären?«

Ich frage in beruflichen Situationen, wo es um Auftreten oder Durchsetzung geht, meine Klientin auch schon mal: »Was würden Sie tun, wenn Sie ein Mann wären?«

Die »Was wäre, wenn«-Überlegung setzt plötzlich Ideen frei, Handlungsimpulse und inneres Aufrichten. Plötzlich sieht die Klientin ein anderes Abbild von sich selbst und spürt die Kraft, die in diesem Bild liegt.

Und vielleicht hilft ihr dieser Impuls dann, die sein zu wollen, die sie da gespürt hat. Zumindest bei diesem einen Ziel, das sie vor Augen hat, die eigene Beschränktheit zu überwinden und zu wachsen.

Professionelles Coaching: Begleitung auf allen Ebenen

Ich wurde einmal gefragt: »Frau Asgodom, wenn Sie glauben, dass viele Menschen coachen können, wozu braucht es dann überhaupt noch professionelle, hoch bezahlte Coaches?« Bei der Antwort darauf muss ich ein wenig ausholen. Lassen Sie es mich anhand eines Beispiels aus dem Sport erklären. Coaching kommt ja ursprünglich aus dem Sport. Der »Coach« ist im Amerikanischen der Trainer oder die Trainerin eines Sportlers oder eines Teams. Nehmen wir mal Fußball.

Nun gibt es Fußballmannschaften auf verschiedenen Leistungsebenen. Die kleinsten Fußballer (und Fußballerinnen) beginnen im Bambini-Alter, also mit vier, fünf Jahren. Dann kommen die verschiedenen Jugendmannschaften von der F-Jugend, der sogenannten »Pampers-Liga«, bis zur A-Jugend. Danach kommen die Erwachsenenmannschaften, die in verschiedenen Klassen spielen, von der Kreisliga bis zur Bundesliga. Die Allerbesten spielen in der Champions League.

Kein Mensch würde annehmen, dass die Mutter eines fünfjährigen Jungen ohne Ausbildung und Erfahrung die deutsche Fußballnationalmannschaft (egal, ob Männer oder Frauen) trainieren könnte. Aber die Mannschaft ihres kleinen Max und seiner Freunde und Freundinnen in ihrem Heimatdorf, die kann sie trainieren. Schauen Sie mal an Ihrem nächstgelegenen Fußballplatz vorbei! Sie sehen solche Amateurtrainerinnen überall. Und das ist gut so.

Diese Mutter oder ein engagierter Papa wird dabei von erfahrenen, guten Trainerinnen unterstützt. Auf der Internetseite des Deutschen Fußball-Bundes (DFB) gibt es super Trainingsanleitungen für Amateurtrainer von Jugendmannschaften von Bambini bis zur A-Jugend. Warum tut der DFB das? Weil er weiß, dass die Anlagen eines guten Fußballers, einer guten Fußballerin in der frühen Kindheit gelegt oder erkannt werden. Und dass die talentierten Kinder gefördert werden müssen. Und damit die Amateurtrainerin keine kleinen bissigen Kampfmaschinen oder wehleidige Memmen heranzieht, zeigt man ihnen in Wort und Bild, worauf sie achten sollten. So können sie dem Fußballnachwuchs Grundkenntnisse beibringen, die Freude an der Bewegung stärken und vielleicht sogar ein bisschen Spielwitz zeigen. Das heißt, man macht die Amateurtrainerinnen methodensicher.

Und genauso sehe ich das beim Coaching. Statt Coaching zu einer Geheimwissenschaft weniger (vielleicht sogar nur ausgebildeter Psychologinnen) zu machen, sollten wir die hilfreiche Wirkung vielen Menschen zugutekommen lassen. Und das möchte ich mit diesem Buch für Sie leisten.

Stellen Sie sich vor, da sind Menschen, die mögen andere Menschen, interessieren sich für andere Menschen, engagieren sich für andere Menschen. Und wie fantastisch wäre es, wenn diese Menschen, die ein Talent für Menschen haben, nun auch noch den Geist des Coachings und einige praktische Tools kennen! Sie könnten dann mehr als zuhören, trösten oder unterstützen. Sie hätten ein Gefühl fürs Coachen und fünf oder 35 gute Werkzeuge an der Hand, mit denen sie anderen helfen könnten, über das Verständnis hinaus Lösungen für ihre Probleme zu finden und zu Handelnden in ihrem Leben zu werden.

Ich bin sicher, wir brauchen noch viel mehr engagierte Menschen mit Coaching-Fähigkeiten, die andere begleiten. Diese Begleiterinnen haben keine entsprechende Ausbildung hinter sich, wissen vielleicht nicht, was Interaktion oder regredieren heißt. Aber sie sind da, wo die ganz normalen Menschen sind: in Vereinen, in Jugendclubs, in Betrieben. Sie arbeiten als Lehrerin, Sozialarbeiterin, Führungskraft oder Azubi-Beauftragte, sie sind Kolleginnen oder Freundinnen, haben Familie und mögen anderen Menschen helfen, Lösungen zu finden.

Zurück zum Fußball: Über der untersten Spielklasse gibt es weitere Stufen, von der Bezirksliga bis zur Regionalliga. Je komplexer die Situationen, je anspruchsvoller der Lösungswunsch, desto spezialisierter muss der Coach sein, im Fußball wie in der Beratung. Ein ganz wichtiger Aspekt beim Coachen ist dabei die Distanz: Manchmal ist es wichtig, dass der Coach kein Teil des Beziehungssystems des lösungssuchenden Menschen ist, sprich, dass er selbst keine Karten im Spiel hat, vor allem, wenn es um Lebensentscheidungen wie die Zukunft von Beziehungen oder berufliche Entscheidungen geht. Sondern mit seiner klaren Distanz, seiner umfassenden Erfahrung, seiner bewährten Methodik und einem klaren Auftrag einen guten Begleiter bei der Lösungssuche darstellt.

Vor 100 Jahren war die Zahl der Berufe übersichtlich, war die Selbstbestimmtheit über die Lebensmodelle beschränkt. Da konnte ein Handwerker seinen Vater oder Onkel fragen: »Wie würdest du entscheiden? Soll ich eine zweite Maschine kaufen?« Heute ist die Arbeitswelt um so viel komplexer, heute ist die vermeintliche Entscheidungsfreiheit so sehr gewachsen, ja, heute ist das Leben insgesamt so viel komplizierter und der Anspruch an ein »geglücktes« Leben so viel höher, dass Menschen immer mehr unter Druck geraten: Was soll ich tun?

Die Vorstellungskraft der Eltern, Partnerin oder Freundinnen reicht da oft nicht aus, um hilfreich zu begleiten. Ja, manchmal erleben wir in Zeiten der Kleinfamilie die Vielfalt der generationenübergreifenden Weisheit gar nicht mehr. Oder es gibt niemanden, der uns sachlich zu Lösungen bringen kann. Wer in der Familie kann uns fachlich begleiten, wenn wir uns überlegen, ob wir noch eine Zusatzausbildung machen, den Arbeitgeber wechseln oder uns selbstständig machen sollten …? Vor allem, wenn wir noch gar nicht genau wissen, was wir eigentlich vom Leben wollen.

Genau dafür gibt es die »Bundesliga«-Coaches. Sie haben eine Menge Wissen, Können und Erfahrung und arbeiten mit ihrer Expertise in Unternehmen, für Teams, sie begleiten Menschen bei größeren Veränderungen, geben ihnen wichtiges Feedback, stellen die richtigen Fragen, erarbeiten Perspektiven mit ihren Klientinnen. Manche haben sich auf ein Fachgebiet spezialisiert, wie Karriere- oder Familiencoaching. Ihre Stundenpreise bewegen sich vielleicht zwischen 80 und 150 Euro, sodass Privatleute sich sie auch leisten können.

Und dann gibt es noch die hoch bezahlten und hoch erfahrenen Business-Coaches, die Vorstände von Unternehmen und die Spitzenteams der Wirtschaft coachen, die Prominente unter ihren Klientinnen haben, Politikerinnen oder andere Strippenzieherinnen der Gesellschaft (und die sich meist vornehm zurückhalten, weil sie ja nicht über ihre Klientinnen reden dürfen). Die könnte man als die Hidden Stars der »Champions League« im Coaching bezeichnen. Sie haben einen stolzen Stundensatz, der widerspiegelt, dass mit dem Coaching eine Investition in die berufliche oder wirtschaftliche Zukunft getätigt worden ist.

Alle diese professionellen Coaches werden übrigens nicht dadurch arbeitslos, dass man ganz normalen Menschen mit guten Fähigkeiten einige Coaching-Tools vorstellt und sie darin trainiert werden. Jürgen Klopp hat auch keine Job-Angst vor der Mutter von Max, die die Schülermannschaft trainiert. Im Gegenteil: Er weiß, dass er von den Spielern profitiert, die schon von klein auf eine gute Begleitung von ihrem Coach bekommen haben. Wenn wir Coaching in der Gesellschaft bekannter machen, verliert es den Nimbus des »Ist nur für die Großkopferten« und entfaltet seine segensreiche Wirkung auf allen Ebenen.

Ich bin fest davon überzeugt, dass Coaching Menschen selbstbewusster und ausgeglichener machen kann, zufriedener und verständnisvoller. Weil Menschen dadurch aus der Opferrolle herauskommen, ihre Unzufriedenheit abbauen und Verständnis für andere Menschen und ihre Handlungsweisen entwickeln können. Dass wir also durchs Coaching unsere kleine Welt um uns herum ein bisschen friedlicher machen können.

Kosten für professionelles Coaching

Was ist eine Stunde Ihres Lebens wert? Ich hoffe, Sie sagen als Erstes: »Unbezahlbar!« Richtig! Keiner kann berechnen, warum die Lebensstunde eines Menschen mehr wert sein sollte als die eines anderen. Jetzt denken wir weiter: Was ist die Stunde bei einem Coach wert? Da gibt es erfahrungsgemäß große Abweichungen. Sie haben sich vielleicht auch schon einmal überlegt: Woher kommen die? Wenn wir bekannte Stundensätze vergleichen: Warum sollte die Stunde bei einem Coach 1000 Euro wert sein und die bei einem anderen nur 65 Euro? Jetzt sind wir beim entscheidenden Faktor: beim Marktwert. Auch wenn Coaches hoffentlich eine hohe Arbeitsethik und eine Begeisterung für ihre Tätigkeit mitbringen, bieten sie letzten Endes eine ganz normale Dienstleistung an. Sie leben von ihren Einnahmen, die ihre Klientinnen bereit sind zu zahlen. Und das ist von verschiedenen Faktoren abhängig.

Vergleichen Sie die Preisgestaltung einmal mit anderen Branchen: Warum gehen Menschen zu einem Friseur, der das Doppelte oder Dreifache von anderen kostet? Warum kostet eine Kfz-Meisterstunde bei Mercedes mehr als bei VW? Warum gehen manche Menschen ins teuerste Hotel der Stadt, obwohl sie da auch nur übernachten wollen? Weil es ihnen das wert ist. Und diesen Wert bezeichnet man als Marktwert. Es geht also darum, was der Marktwert einer Arbeitsstunde, in diesem Fall einer Coaching-Stunde ist. Jetzt kommen wir der Sache schon näher. Es geht um den Marktwert einer Dienstleistung als Coach, und der ist unterschiedlich. Warum?

Weil es nicht darum geht, wie viel Ihnen als Coachee eine Stunde Ihres Lebens wert ist, sondern wie viel sie Ihnen als Klientin eines Coaches wert ist, weil auch Sympathien, Resonanz und die Erwartung eines bestimmten Ergebnisses eine Rolle spielen.

Lassen Sie uns das mal ganz nüchtern aus der Sicht eines professionellen Coaches anschauen.

Eine Formel für Coaching-Honorare ist: »Können plus Bekanntheit mal Kundennutzen geteilt durch Dauer« ergibt das Honorar. (Diese Formel gilt als eine Denkhilfe. Sie lässt sich nicht einfach durch Zahlen ersetzen und ausrechnen.)

1. Können

Können hat mit implizitem und explizitem Wissen zu tun. Als implizit gelten Talente, Fähigkeiten und Persönlichkeit. Als explizit Ausbildung, Erfahrung und Praxis. Eine begabte Persönlichkeit mit hoher Lebens- und Berufserfahrung, gepaart mit einer guten Ausbildung, dazu jeder Menge Coaching-Praxis ergeben zusammen einen hohen Wert beim Faktor Können. Das Können wird in der Selbstbeschreibung, also dem Aufzeigen der Expertise, abgebildet. Aber viel mehr noch in Referenzen von Klientinnen.

2. Bekanntheit

Die Bekanntheit ist ein weiterer entscheidender Faktor bei der Berechnung des Honorars. Sie fängt an mit einer Ausbildung/Weiterbildung/Zertifizierung bei einer bekannten und anerkannten Institution. Die Bekanntheit wird aber vor allem durch die Expertise des Coaches erhöht, an der dieser aktiv arbeiten kann:

- Hat er sich bereits einen Namen in seinem vorherigen beruflichen Umfeld gemacht? Gilt er als Experte auf seinem Themengebiet? Verfügt er über gute Beziehungen und Kontakte? Reden andere gut über ihn und empfehlen sie ihn weiter?

- Ist der Coach sichtbar? Zum Beispiel mit seiner Internetpräsenz, angefangen bei der eigenen Website über die Auffindbarkeit in Suchmaschinen oder in Social Media wie YouTube, Instagram, Facebook, LinkedIn … Wenn Klientinnen die Art eines Coaches gefällt, sein Temperament, sein Humor, seine Ernsthaftigkeit, seine Sichtweisen, seine Aussagen …, fühlen sie sich angezogen.
- Wird der Coach von seinen Kundinnen empfohlen? Funktioniert die Mundpropaganda? Werden dadurch andere Klientinnen auf ihn aufmerksam?
- Publiziert er (über Coaching) in Fachzeitschriften oder in regionalen oder überregionalen Zeitungen? Erscheint er als Experte/Expertin in Zeitschriften? Wird der Coach als Fachfrau oder Fachmann interviewt? Hat er einen Blog, der Leserinnen findet?
- Besetzt der Coach ein Thema außerhalb des Coachings, mit dem er nach außen sichtbar geworden ist, etwa bei Vorträgen oder in Publikationen?
- Ist der Coach auf bestimmte Themen oder bestimmte Zielgruppen spezialisiert? Zeigt er sich nach außen als Experte/Expertin auf diesem Gebiet?

3. Kundennutzen des Coachings

Der entscheidende Faktor bei der Berechnung des Wertes von Coaching ist und bleibt der Kundennutzen, deshalb ist er der Multiplikator in dieser Formel. Die entscheidende Frage ist also, welchen Erfolg haben Klientinnen davon, eine Summe X zu investieren, um sich der Hilfe eines Coaches zu bedienen? Klar, dass die Klientinnen bei einem Profi-Coach auch erwarten, ein Vielfaches ihrer Investition zurückzubekommen. Wobei es nicht immer um monetären Erfolg geht, auch eine gesteigerte Lebensfreude ist ein Ergebnis.

Betrachten wir Ergebnisse an fünf verschiedenen Beispielen:

1. Ein Manager kommt ins Coaching, weil die Fluktuation in seiner Abteilung außergewöhnlich hoch ist. Durch das Coaching (Investition) ändert er seinen Führungsstil, der als unsicher/autoritär zu beschreiben war. Er entwickelt wertschätzende Strategien, trifft die richtigen Maßnahmen und senkt dadurch mittelfristig die Fluktuation und damit die Kosten für Einarbeitung, Krankheitsausfall etc. um 20 Prozent (Erfolg). Investition: 10 Stunden. Erfolg: Von ihm selbst geschätzt im sechsstelligen Euro-Bereich. Sein Nutzen übersteigt damit seine Investition um ein Vielfaches.
2. Eine Selbstständige kommt ins Coaching, weil sie ihren Umsatz steigern möchte. Sie ist seit drei Jahren selbstständig, hat zwei feste Kunden, möchte aber den Kundenstamm ausweiten. Sie erarbeitet zusammen mit ihrem Coach die Gründe für den niedrigen Umsatz, entwickelt Ideen für direkte Kundenansprache, stellt Überlegungen für das Einstellen von Mitarbeitenden an und bekommt darüber hinaus mehr Mut, Wunschkundinnen direkt anzusprechen.
3. Ein Mann kommt ins Coaching, weil er sich im Beruf überfordert fühlt, sich schwach fühlt und dadurch seine Gesundheit und sein Privatleben leiden. Er erarbeitet mithilfe des Coaches seine Perspektive für ein erfülltes Leben. Und er geht mit einer konkreten Umsetzungsliste für Beruf und Familie hinaus. Er schafft es, im Gespräch mit seiner Vorgesetzten seine Belastun-

gen zu reduzieren. Er geht früher von der Arbeit nach Hause, genießt seine Familie und hat jetzt sogar etwas Zeit für sich.

4. Eine Schauspielerin kommt ins Coaching, weil sie seit Längerem kein Engagement mehr bekommt. Sie findet sich selbst hässlich, ihr Selbstwertgefühl ist am Boden. Sie erkennt im Coaching die Gründe für ihren Rückzug aus der Szene, spricht über private Schicksalsschläge, bekommt neue Lust auf das Spielen, entwickelt für sich eine Strategie, um Kontakte und Beziehungen zu reaktivieren. Aus ihrer Referenz-Mail: »Vielen Dank nochmal für unsere Arbeit in den letzten Stunden, die mich erneut auf die Beine zurückbrachten. Ich hatte innerlich diesem Beruf gekündigt und wusste nicht, warum. Und plötzlich steht alles in neuem Schmuck vor mir. Die letzten Wochen habe ich so viel gelernt wie selten.«
5. Ein Mann, Mitte 40, kommt ins Coaching, weil er ständig die Fertigstellung seiner Diplomarbeit verschiebt. Er leidet, nach eigenen Angaben, unter »Verschieberitis«. Er kommt zu fünf neunzigminütigen Coachings. Diese helfen ihm, die Abschlussarbeit erfolgreich abzuschließen und abzugeben. Wie er selbst sagt: »Eine riesige Last ist von meinen Schultern genommen.«

Auch wenn Coaches interessierten Klientinnen niemals ein solches Ergebnis versprechen dürfen (never ever!), können sie ihnen die Beispiele solcher Lösungen vorstellen.

4. Dauer

Können plus Bekanntheit, multipliziert mit dem Kundennutzen, ergibt den einen Teil der Formel. Unterm Strich steht die Dauer, also die Stundenzahl. Je niedriger die Stundenzahl, umso höher kann das Rechenergebnis der Formel werden, sprich, das Honorar.

LOKC-Coaches haben also mit den Klientinnen ein Vorgespräch gehabt und wissen, was sie erwartet. Sie haben schon vorher einen klaren Coaching-Auftrag bekommen. Der ist so punktgenau, dass in der vereinbarten Zeit konkrete Erkenntnisse, Strategien und Umsetzungsschritte erreicht werden können. Es braucht also keine lange Aufwärmphase, sondern das Coaching beginnt in dem Augenblick, wenn die Klientin am Tisch sitzt. Daher sind die Honorare im Lösungsorientierten Kurzzeit-Coaching oft höher als in längerfristig angelegten Coaching-Begleitungen.

5. Ergebnis

Doch der größte Unterschied: Neben dem Geld investiert der Klient ja auch seine Zeit und die Anreise zum Coaching. Das heißt, mit der konzentrierten Kürze des Coachings spart er viele Stunden Arbeitszeitausfall und Reisekosten. Das kann bei Führungskräften in die Tausende gehen. Schon bei dieser Überlegung sieht man, dass das Coach-Honorar oft nur der geringste Punkt im Entscheidungspaket des Klienten ist.

Das heißt: Es macht Sinn, marktorientierte Preise zu verlangen – und dann vielleicht eine Anzahl Coachings an Menschen zu »verschenken«, die sich gar kein Coaching leisten können.

TOOL-KOFFER 3

Besser begreifen

In diesem Abschnitt stelle ich Ihnen die nächsten sieben Übungen vor, mit denen Sie im Coaching oder im Selbstcoaching neben dem Hören und Sehen die Haptik zu Hilfe nehmen können. Der Schwerpunkt dieser Tools liegt auf

- Anfassen
- Bewegen
- Greifen
- Fühlen
- Draufblick

Tool 15: Der Aber-Besen
Ängste bearbeiten

Anna, arbeitslos gewordene Web-Grafikerin, überlegt, sich mit einer Dienstleistung für kleine und mittelständische Unternehmen selbstständig zu machen. Sie kommt ins Coaching, weil sie viele Aber in ihrem Kopf mutlos machen. Ich nenne diese Aber auch Schiffschaukel der Ängste.

Ich lasse Anna auf einem Papierbogen ihr Ziel als Überschrift notieren und dann alle Aber darunterschreiben. Alle, die sie im Kopf hat, und auch solche, die Bedenkenträgerinnen beisteuern. Sie findet drei Aber: 1. »Aber dafür zahlt doch kein Mensch.« 2. »Aber wenn ich mich dadurch körperlich total überfordere?« 3. »Aber wie soll ich denn das anfangen?«

Ich ermutige sie, wirklich jeden Aber-Gedanken, scheint er auch noch so albern, zu notieren. Sie schreibt noch: »Aber kann ich das denn überhaupt?« Und: »Aber ich bin doch gar keine Geschäftsfrau.« Nach meiner Erfahrung ist es hilfreich, alle Aber zu definieren und ernsthaft anzuschauen.

Dann drücke ich Anna den »Aber-Besen« in die Hand, einen Bleistift mit einem kleinen Besen am Ende. (Wir lassen ihn extra produzieren, es gibt aber auch welche im Internet zum Bestellen). Jetzt nehmen wir uns gemeinsam jedes Aber vor und klopfen es mit der Besen-Seite auf seine Berechtigung ab.

»Aber dafür zahlt doch kein Mensch!« Ich frage: »Glauben Sie das oder ist das so?« Anna lacht: »Na ja, natürlich gibt es erfolgreiche Web-Agenturen.« Ich frage nach: »Was müssen Sie denn tun, damit Sie zahlende Kundinnen finden?« Sie notiert neben das Aber: Eine eigene Website machen, frühere Kundinnen anschreiben, Zielgruppe definieren. Aus dem Aber werden Aufgaben.

Genauso gehen wir mit dem nächsten Aber vor. »Ist dieses Aber nur in Ihrem Kopf oder ist es berechtigt?« Anna: »Na, ich kann ja selbst bestimmen, wie viel ich arbeite. Außerdem kenne ich genügend Kolleginnen, die ich einbinden könnte.« Das Aber bekommt einen Haken. Erledigt.

»Aber kann ich das überhaupt?« Sie haut mit dem Besen drauf und streicht es gleich selbst, lachend. Und zum Aber mit der Geschäftsfrau fällt ihr ein: »Meine Freundin fragen, ob sie mir hilft. Die ist seit vier Jahren selbstständig.« Haken dran. So können sich ihre Aber nach und nach auflösen. Am Ende dieser Übung hat die Klientin konkrete Aufgaben, was sie tun kann, um ihr Ziel tatsächlich zu verwirklichen. Die Aber sind weggefegt.

So können Sie dieses Tool mit Ihren Klientinnen nutzen

1. Lassen Sie sie auf einem Blatt ihr Ziel als Überschrift notieren und dann alle Aber darunterschreiben, die ihr einfallen – aus dem eigenen Kopf und von allerlei Bedenkenträgerinnen. Ermutigen Sie sie, wirklich alle Aber-Gedanken aufzuschreiben. Lassen Sie sie in bunte Wolken schreiben, das fördert das Spielerische dieser Übung. Dann nehmen Sie sich gemeinsam jede Aber-Wolke vor und klopfen sie auf ihre Berechtigung ab.
2. Fragen Sie also sehr genau nach: »Ist das nur in Ihrem Kopf oder ist das Aber berechtigt?« Ich lasse die Möchtegern-Aber durchstreichen. Andere Aber sind beständig und hilfreich. Ein Beispiel: Wenn ich nach Australien auswandern und dort eine Würstelbude aufmachen will, ist es schon ein Aber, wenn ich kein Englisch spreche. Und ein Aber, wenn ich gar nicht weiß, ob Australier deutsche Würstchen mögen. Und wenn ich noch

keinen Plan habe, wie ich die Würstchen nach Australien bekomme und was das kostet, ist das ein großes Aber.
3. Dann lösen Sie die hilfreichen Aber nach und nach auf. Fragen Sie Ihre Klientin: »Was können Sie tun, um herauszufinden, ob dieses Aber einen guten Grund liefert, den Plan fallenzulassen?« Sie dürfen dabei auch eigene Ideen einbringen. Oft liegt die Lösung dann darin, zu recherchieren, mit Leuten zu sprechen, etwas anzufragen, durchzurechnen, einen Plan zu machen …

Am Ende dieser Aber-Übung haben die Klientinnen konkrete Aufgaben, was sie tun können, um ihr Ziel tatsächlich zu verwirklichen.

Tool 16: Der Küchentisch-Überblick

Systeme begreifen

»Ich komme beruflich nicht weiter. Obwohl ich mir so viel Mühe gebe. Woran kann das liegen?« Für solche Fragen eignet sich hervorragend der Küchentisch-Überblick. Wann immer Sie im Coaching einen distanzierten Blick auf die Lebenssituation brauchen, sei es eine familiäre oder eine berufliche Situation, bietet sich dieser Impuls an. Der Mensch ist kein einsamer Satellit im All, der nur um sich selbst kreist. Sondern wir leben in Systemen. Das heißt:

- Andere Menschen beeinflussen unsere (Un-)Zufriedenheit.
- Wir reiben uns an Menschen.

- Wir zoffen uns mit Menschen.
- Menschen haben ihren Anteil an unserem Glück oder Unglück.
- Sie motivieren oder demotivieren uns.
- Manche kränken uns.
- Manche stärken uns.
- Wir kommen gut mit ihnen aus.
- Oder wir geraten uns in die Haare.
- Menschen begrenzen uns oder schaffen uns Freiraum.
- Es gibt Menschen, die sind Verbündete.
- Andere machen uns das Leben schwer.

Jede von uns spielt eine Rolle in diesen Systemen. Wenn wir unzufrieden mit der Rolle darin sind, sollten wir gucken, ob wir etwas verändern können. Dabei ist es sinnvoll, sich so ein System von außen anzuschauen. Der »Draufblick« kann viele Zusammenhänge deutlich machen und helfen, die Rolle der anderen und die eigene klarer zu erkennen. (Dieser Coaching-Impuls ist keine Familienaufstellung mit der ihr eigenen Dynamik!) Warum nenne ich diesen Impuls »Küchentisch-Überblick«? Weil er sehr einfach umzusetzen ist, also auch ganz einfach am Küchentisch.

Was brauchen Sie für den Küchentisch-Überblick? Eine Fläche von etwa 50 mal 50 Zentimetern und etwa 15 bis 20 Figuren (zum Beispiel Spielzeugfiguren, Schachfiguren, Holzfiguren, Plastiktiere). Darüber hinaus brauchen Sie viele Haftzettel, Papier zum Schreiben und einen Stift. Ich selbst arbeite im Coaching mit Holzfiguren, die ich extra habe herstellen lassen (siehe Abbildung). Aber es geht wirklich mit allem, was sich hinstellen lässt.

Als Erstes stellt der Mensch, der seine Situation erkennen will, eine Figur für sich selbst auf den Tisch. Sie bekommt einen kleinen Haftzettel mit seinem Namen dran. Dann stellt er die Men-

schen dazu, die eine besondere Rolle in seinem Leben spielen. Privat: Eltern, Großeltern, Geschwister, Freundinnen, Partner, Kinder, Expartnerin, Nachbarinnen. Beruflich: Chefin, Chefchefs, Kolleginnen, Mitarbeiterinnen, Kundinnen.

Er stellt jede Figur, mit einem Namensschild versehen, neben seine Figur auf den Tisch. Beim Hinstellen sollte er berücksichtigen, wie nah oder fern der andere ihm ist. Und er sollte auch überlegen, in welcher Beziehung er zu den anderen steht. Ist die andere Person zum Beispiel eine Unterstützerin oder eine Konkurrentin, eine Verbündete oder (noch) eine Gegnerin? Von wem bekommt er Energie, wer zieht welche ab?

Kommen wir zur Eingangsfrage der gebremsten Karriere zurück, dann ist es besonders interessant herauszufinden, ob der fragende Mensch genügend Unterstützerinnen, sprich Verbündete im Unternehmen hat. Wie schaut sein Netzwerk aus, wer kann ihm Türen öffnen oder den Rücken stärken? Und auf der anderen Seite: Gibt es Gegnerinnen, die ihm das Leben schwer machen? Mit wem sollte er einen besseren Kontakt suchen und die Beziehung auffrischen? Wie könnte er das versuchen? Die gleiche Überlegung kann er für den Freundeskreis und die Familie anstellen: Wer steht zu mir, wer hindert mich? Mit wem habe ich ein Problem, wer hat eins mit mir?

Der besondere Charme dieses Coaching-Impulses ist die gewisse Distanz, die die Coachee durch das Hinstellen der Figuren zu ihrer eigenen Situation bekommt. Indem sie »von oben« (andere Coaches würden sagen, »aus der Meta-Ebene«) die Beziehungen zwischen den Figuren beschreibt, erklärt sie sich beim Reden selbst, was wie und warum läuft und wo Handlungsbedarf besteht. Hilfreiche W-Fragen können noch mehr Klarheit bringen, beispielsweise:

- Warum stänkert der gegen mich?
- Warum macht mich das so wütend?
- Wie oft treffe ich diesen Menschen?
- Wo könnte ich ansetzen?
- Wie reagiere ich, wenn ...?
- Wann werde ich mich zum Kaffee mit ihm verabreden?
- Wodurch könnte ich die Beziehung verbessern?
- Wie oft möchte ich diesen Menschen sehen?
- Wer kann mich dabei unterstützen?
- Was müsste passieren, damit ich mich trauen würde, auf ihn zuzugehen?
- Wie sollte das in Zukunft aussehen?
- Was bin ich bereit zu tun?
- Womit könnte ich auf mich aufmerksam machen?
- Wer sollte das wissen?
- Wen möchte ich dazu fragen?

Der Küchentisch-Überblick löst oft eine große Nachdenklichkeit aus. Die Klientin erkennt, dass sie Teil eines Systems ist. Sie bekommt so die Möglichkeit, die Situation aus verschiedenen Richtungen zu sehen. Sehr oft geht bei der Klientin dabei der Blick nach innen, sie spürt in die Situation hinein, sie sieht sich in der Beziehung und erkennt Unbehagen, Sehnsucht, Wünsche und Möglichkeiten. Und sie kommt nach und nach auf gute Ideen: »Stimmt, mit dem könnte ich mal reden.«

Jetzt muss sie sich nur noch selbst zuhören. Oder jemanden haben, der die Ergebnisse des Darüberredens schriftlich festhält, damit später Schlüsse daraus gezogen werden können.

Der Küchentisch-Überblick ist meine favorisierte Methode, wenn es bei der Klientin um das Handeln in Gruppen, in Systemen geht. Zu erkennen, wo ihr Platz und was ihre Rolle in dieser Situation ist, dient der Klarheit und der Möglichkeit, aktiv etwas zu verändern. Er verhilft zu der Erkenntnis, dass die einzige »Figur« in dieser Situation, die man bewegen kann, die eigene ist.

Nehmen Sie sich als Coach Zeit, drängen Sie die anderen nicht zu schnellen Antworten. Das Draufgucken ist wichtig. Die wirklich entscheidenden Überlegungen entstehen aus dem Hingucken und dem Reden über die Situation. Fragen Sie ruhig öfter nach: Sind das schon alle Menschen, die in Ihrem Leben eine Rolle spielen? Manchmal bringt einen das Denken an die verstorbene Großmutter, die ein wichtiges Vorbild in der Kindheit gewesen ist, weiter als das Hinstellen von fünf weiteren Kolleginnen. Und die Konkurrenz zum Bruder kann jemanden mehr treiben als die eigenen Karrierewünsche. Aus dem Küchentisch-Überblick sollten Handlungsimpulse entstehen: Was werde ich wann tun? Deshalb immer eine To-do-Liste vorbereiten, auf der diese Impulse sofort notiert werden. Und nicht vergessen: ein Datum dazu!

Natürlich können Sie auch für sich allein die Situation, in der Sie sich befinden, mithilfe von Figuren anschauen. Nehmen Sie meine Beschreibung als Anleitung und notieren Sie Ihre eigenen Antworten. Ziel des Küchentisch-Überblicks ist es, aus der Betroffenenperspektive herauszukommen und das *Ganze* zu sehen: die anderen Menschen um Sie herum in ihrer Bedeutung für Sie zu erkennen und zu überlegen, was Sie an den Beziehungen zu Einzelnen ändern möchten. Die wichtigste Frage dabei: Wer kann mich unterstützen – und wie kann ich aus Gegnerinnen Verbündete machen? Also, was können Sie tun, um die Beziehung positiv zu verändern? Führen Sie eine To-do-Liste, auf der Sie alle guten Ideen notieren.

Tool 17: Das Motivationsraster

Was treibt Sie an?

Dieser Coaching-Impuls eignet sich wunderbar als »Mind-Opener« in anspruchsvollen Coaching-Gesprächen. Am Anfang dieser Übung wissen die Klientinnen noch nicht, wohin die Reise geht, und können deshalb nicht »konform« antworten. Ich habe viele meiner Coaching-Impulse deshalb entwickelt, weil ich bemerkt habe, dass viele Menschen »zu klug« sind. Sprich, sie können überzeugend erklären, was sie eigentlich möchten oder warum etwas nicht geht – doch sie lassen sich nicht gern »in die Karten gucken«. Dafür haben sie mir mit ihren Widerständen immer wieder geholfen, fantasievolle »Öffner« zu entwickeln, die die Coaching-Zeit erheblich verkürzen können.

Jeder erfahrene Coach weiß, dass die Ebene hinter dem Ausgesprochenen die Lösung bergen kann. So ging es mir damals auch im Coaching mit der Inhaberin eines großen Bürocenters, in der ich auf die Idee des Motivationsrasters gekommen bin. Ich glaube, es war 1998. Die Frau, nennen wir sie Melanie P., wollte eigentlich ganz nüchtern eine Bestandsaufnahme ihrer beruflichen Situation machen. Ich machte mir ein erstes Bild, als sie zur Tür hereinkam: Die Augen schauten müde, sie sah traurig aus. Sie ließ die Schultern hängen und erschien irgendwie kraftlos.

Wir kamen bald auf das Thema Zufriedenheit und Selbstmotivation und sie erzählte, dass ihr in letzter Zeit der Antrieb fehle. Die Geschäfte liefen ganz gut, aber es fiele ihr immer schwerer, Begeisterung für ihre Arbeit aufzubringen. Woran das liege, könnte sie nicht erklären. »Eigentlich ist alles in Ordnung.« Ich bedankte mich für das Wort »eigentlich«, denn es ist immer eine Einladung nachzufragen.

Ich habe inzwischen tausendfach mit dem Motivationsraster gearbeitet, in Coachings, aber auch in Seminaren und bei Vorträgen. Und die Erfahrung ist immer wieder gleich verblüffend: Das Ergebnis dieses kleinen Spiels ist jedes Mal relevant! Und das, obwohl ich ja die 24 Begriffe, die ich Ihnen gleich vorstellen werde, selbst ausgesucht und willkürlich nebeneinander gestellt habe und die Teilnehmerinnen sich sehr schnell entscheiden müssen. Heute kann ich sagen: Deshalb!

Die Ausgangsfrage ist: Was steht ganz oben auf Ihrer Werteliste im Beruf? Wie hoch ist Ihre Motivation, die Ihnen hilft, etwas zu verändern? Das können Sie sehr schnell und einfach mit dem Motivationsraster herausfinden.

Sie finden hier also 24 Motivatoren aufgelistet. Sie sind sogenannte »Antreiber«, also der Grund, warum sich Menschen beruflich anstrengen, und/oder Werte, die ihnen wichtig sind und die erfüllt sein müssen, um zufrieden zu sein. Bevor ich zu viel erkläre, hier erst einmal die Liste der 24 Motivatoren, die ich im Laufe der Jahre immer wieder einmal variiert habe:

Ruhm	Herausforderung
Unabhängigkeit	Spaß
Geld	Harmonie
Anerkennung	Selbstbestimmung
Balance	Erfolg
Wertschätzung	Freiheit
Kollegialität	Abenteuer
Macht	Entwicklung
Sinn	Veränderung
Freude	Sicherheit
Gerechtigkeit	Einfluss
Verantwortung	Zeitsouveränität

Schritt 1:
Vergleichen Sie immer die zwei nebeneinanderstehenden Begriffe in der obigen Tabelle und entscheiden Sie sich für den für Sie wichtigeren, also zum Beispiel Ruhm oder Herausforderung, Unabhängigkeit oder Spaß, und schreiben Sie die jeweils wichtigeren auf ein Blatt Papier. Natürlich sind alle Begriffe irgendwie wichtig. Aber entscheiden Sie sich trotzdem spontan für einen.

Schritt 2:
Sie haben jetzt eine Liste mit zwölf Motivatoren auf Ihrem Zettel. Vergleichen Sie von diesen Begriffen wieder jeweils zwei mitein-

ander, von oben anfangend. Diesmal lassen Sie bitte die wichtigeren stehen, die anderen streichen Sie durch.

Schritt 3:
Jetzt haben Sie noch sechs Begriffe auf Ihrer Liste. Vergleichen Sie diese jetzt wieder paarweise. Streichen Sie drei. Drei dürfen übrig bleiben.

Schritt 4:
Sie haben jetzt drei Motivatoren aus der Liste übrig. Sortieren Sie sie jetzt bitte nach ihrer Wichtigkeit. Der wichtigste bekommt eine 1, der zweitwichtigste eine 2, der dritte die 3. Damit haben Sie Ihre stärksten Motivatoren, die etwas über Ihre Zufriedenheit oder Unzufriedenheit im Beruf aussagen.

Bei allem Spielerischen und Willkürlichen dieses Coaching-Tools ist das Ergebnis immer relevant, sprich, Sie bekommen wichtige Aussagen und Anregungen. Dabei kann die Auslegung des Ergebnisses sehr unterschiedlich sein: Entweder sind Ihre drei Hauptmotivatoren der Grund, warum Sie in Ihrem Beruf und mit Ihrem Arbeitsplatz zufrieden sind. Das heißt, Sie bekommen dort, was Sie brauchen, und können Ihre Werte leben. Prima, Glückwunsch.

Oder: Die drei Hauptmotivatoren sagen Ihnen, warum Sie ein Gefühl der Unzufriedenheit spüren. Das geschieht, wenn einer oder sogar alle drei Werte nicht gelebt werden können. Dann entsteht ein Wertevakuum, das gefüllt werden möchte. Wie das im Einzelnen geschieht, kann dann im weiteren Coaching besprochen werden.

In Coachings hat sich herausgestellt: Die drei Hauptmotivatoren sind *immer* der Grund, warum die Klientinnen gebucht haben! Sie bekommen nicht genug von dem, was sie zu ihrem Wohlgefühl brauchen, und wollen deshalb etwas ändern. Sie spüren eine latente Unzufriedenheit und bekommen mit dem Motivationsraster die Stichworte, um diese zu benennen. Oft zeigt es sich, dass verwandte Begriffe übrig bleiben wie »Freude und Spaß«, »Unabhängigkeit und Freiheit«, »Harmonie und Kollegialität«.

Wenn Sie bei der Auswertung Ihres Motivationsrasters herausfinden, dass Ihnen beispielsweise »Sinn« als starker Antreiber fehlt, könnten Sie sich folgende Fragen stellen:

- Was erscheint mir als sinnvoll in meinem Leben?
- Wofür lohnt es sich, meine Kräfte einzusetzen?
- Wer braucht das, was ich kann?
- Wie sähe eine »sinnvolle« Arbeitsplatzbeschreibung für mich aus?

Wer längere Zeit gegen seine Werte lebt und handelt, wer sie unterdrückt und wegschiebt, wer sich dadurch selbst untreu wird, kann auf Dauer nicht zufrieden sein. Er leidet an einem Wertemangel, der Wohlbefinden und sogar manchmal die Gesundheit trübt.

Wenn Sie wissen, was Sie brauchen, können Sie aktiv werden und dafür sorgen, dass Sie mehr davon bekommen. Und mehr als das: Sie können Ihre Motivatoren quasi wie ein Raster über alle zukünftigen Entscheidungen legen (daher der Name): Führt Sie Ihre nächste Entscheidung näher an Ihre Werte heran oder weiter weg?

Übrigens: Bei der Unternehmerin Melanie P. blieben die drei Begriffe »Abenteuer – Unabhängigkeit – Herausforderung« übrig. Wow! Und sie wusste sofort, was ihr die Freude an ihrem Unternehmen getrübt hatte: Es lief zu gut, zu routiniert, ihre Pionierseele bekam nicht genügend Futter. Und das war die Aufgabe für das weitere Coaching: herauszufinden, was das Feuer wieder entfachen konnte.

Das Beziehungsraster

Und was ist mit dem Privatleben? Wäre es nicht schön, wenn es dazu auch so ein Werteraster gäbe, mit dem man verborgene Unzufriedenheit aufspüren bzw. benennen könnte? Vielleicht sogar zusammen mit dem Partner, der Partnerin, um ins Gespräch zu kommen? Ja, das wäre hilfreich. Und deshalb habe ich auf Wunsch einiger Klientinnen auch ein Beziehungsraster entwickelt. Prüfen Sie selbst, ob es relevante Aussagen für Sie ergibt:

Abenteuer	Beständigkeit
Ehrlichkeit	sexuelle Erfüllung
Familie	Zärtlichkeit
Liebe	Freundschaft
Geborgenheit	Offenheit
Harmonie	Streitlust
Verantwortung	Eigenständigkeit
Sicherheit	Sinnlichkeit
Spannung	Geistige Herausforderung
Treue	Unabhängigkeit
Verlässlichkeit	Freiraum
Unterschiedlichkeit	Vertrauen

Die Auswertung erfolgt wieder in vier Schritten.

Schritt 1:

Vergleichen Sie jeweils die zwei nebeneinanderstehenden Begriffe in der Tabelle und entscheiden Sie sich für den für Sie wichtigeren, also zum Beispiel Abenteuer oder Beständigkeit, Ehrlichkeit oder sexuelle Erfüllung, und schreiben Sie die jeweils wichtigeren auf ein Blatt Papier. Natürlich sind alle Begriffe irgendwie für eine Beziehung wichtig. Aber entscheiden Sie sich trotzdem spontan für jeweils einen.

Schritt 2:
Sie haben jetzt eine Liste mit zwölf Motivatoren auf Ihrem Zettel. Vergleichen Sie von diesen Begriffen wieder jeweils zwei miteinander, von oben anfangend. Diesmal lassen Sie bitte die wichtigeren stehen, die anderen streichen Sie durch.

Schritt 3:
Jetzt haben Sie noch sechs Begriffe auf Ihrer Liste. Vergleichen Sie diese jetzt wieder paarweise. Streichen Sie drei. Drei bleiben übrig.

Schritt 4:
Sie haben jetzt drei Motivatoren übrig. Sortieren Sie sie bitte nach ihrer Wichtigkeit. Der wichtigste bekommt eine 1, der zweitwichtigste eine 2, der dritte die 3. Damit haben Sie Ihre stärksten Motivatoren, die etwas über Ihre Zufriedenheit oder Wünsche in der Beziehung aussagen.

Irgendwelche Erkenntnisse? Auf jeden Fall eine wunderbare Grundlage, um mit dem Partner/der Partnerin zu reden. Wie sehen seine/ihre Präferenzen aus?

Besonderheit beim Coachen

Ermutigen Sie Ihre Coachee, dass sie wirklich sehr schnell und »aus dem Bauch« heraus ihre Wahl trifft. Wenn sie zu lange über die verschiedenen Begriffe nachdenkt, verhakt sie sich oft im »Aber der ist doch auch wichtig«. Es ist nicht erlaubt zu »schummeln«. Achten Sie darauf, dass wirklich anhand der vier Schritte vorgegangen wird. Es ist verblüffend, dass das Ergebnis tatsächlich so gut wie immer das aktuelle Thema trifft. Das kann doch nicht so einfach sein und so schnell gehen, denken Sie jetzt vielleicht. Probieren Sie es aus!

Tool 18: Der Zuversichtsstreuer
Packendes Utensil

Hinsehen, hinhören, denken, reden, aufschreiben – alles gut im Coaching. Doch haptisch orientierte Klientinnen kommen da oft zu kurz. Ihnen können Gegenstände helfen, Klarheit zu gewinnen oder Ziele umzusetzen.

Daniela, 33, kommt ins Coaching, weil sie mit ihrer Arbeitssituation unzufrieden ist. Sie fühlt sich unterfordert, kann ihre Fähigkeiten in der derzeitigen Position kaum anwenden. Wir entwickeln Ideen, wie sie das ändern könnte. Sie will mehr für sich tun, möchte sich mehr trauen, was beinhaltet, mit ihrem Chef über Veränderungen zu reden. Ihre To-do-Liste kann sie schnell und klar formulieren.

»Wenn das alles so klar ist, warum haben Sie das bisher nicht gemacht?«, frage ich sie. Daniela verzieht das Gesicht und sagt: »Ich nehme mir oft etwas vor und dann tu ich es doch nicht.«

Ich frage sie: »Was fehlt?«

Sie überlegt lange, spielt mit ihrem Kugelschreiber und sagt dann nur ein Wort: »Zuversicht.«

Ich ziehe aus meiner Toolbox einen Salzstreuer hervor, aus Pressglas mit einem silberfarbenen Aufsatz. Auf den Streuer klebe ich ein Schild: »Zuversicht«. (Ich habe auch Schildchen mit Worten wie Gelassenheit, Mut, Vertrauen oder Dranbleiben.)

Daniela nimmt ihn in die Hand und lacht. »Genau so etwas brauche ich!« Ganz spontan hebt sie ihn hoch und »streut« sich Zuversicht auf den Kopf. Sie kommt aus dem Lachen gar nicht mehr heraus.

»Woraus besteht denn die Zuversicht?«, frage ich sie.

»Ich muss mich nur erinnern, was ich alles schon geschafft habe in meinem Leben.«

Während sie den Streuer wie einen Handschmeichler zwischen den Fingern dreht, sprudeln die Erinnerungen aus ihr heraus: Von der Realschule aufs Gymnasium übergetreten und ein tolles Abitur gemacht; mit 19 zu Hause ausgezogen; BWL studiert mit gutem Abschluss; ein Semester in Spanien studiert; nach nur drei Bewerbungen den Job bekommen, der ihr gefallen hat; sich gut in der neuen Stadt eingewöhnt; sich aus einer schwierigen Beziehung gelöst …

Jeden Erfolg notiert sie auf ein farbiges Post-it, knüllt es zusammen wie ein buntes Bonbon und wirft es in den Streuer. Am Schluss ist er bis zum Rand gefüllt.

Zwei Wochen später bekomme ich eine Mail von ihr: »Der Zuversichtsstreuer ist echt der Hammer. Am Anfang habe ich mir fünf, sechs Mal am Tag Zuversicht aufs Hirn gestreut, die Kollegen haben sich etwas gewundert. Heute kann ich das schon mental – und es hilft jedes Mal. Und die Kolleginnen borgen ihn sich manchmal aus.«

Tool 19: Die Glücksnuggets

Glück zum Anfassen

Dieses Tool hilft Klientinnen, mehr Zuversicht und Vertrauen in den Lebensfluss zu entwickeln. Psychologen, die das Glück im Leben erforscht haben, reden nicht von einem »glücklichen Leben«, sondern von einem »geglückten« Leben. In diesem Leben laufen Menschen nicht mit ewigem Grinsen herum und jubeln »glücklich, glücklich!«. Sondern sie erleben immer wieder mal Momente des Glücks und richten sich in schweren Zeiten an Gefühlen wie Vertrauen, Hoffnung oder Zuversicht auf.

Trotzdem stehen wir oft im Fluss des Lebens und warten viel zu lange auf diesen einen großen Klumpen Glück. Aber während wir warten – auf den Lottogewinn, den Traumpartner, die ewige Erfüllung im Job –, fließen Tausende von kleinen Glücksnuggets an uns vorbei. Aber sie sind so klein, dass wir uns nicht einmal nach ihnen bücken. Manchmal fehlt uns auch einfach ein feinmaschiges Sieb, das hilft, dass sie uns nicht durch die Finger flutschen, sondern sich nach und nach zu einem Glücksschatz zusammenfügen.

Zum Glück fällt uns das Glück immer wieder mal in Form kleiner, funkelnder Nuggets zu: Unverhofft treffen wir einen Menschen wieder, den wir mögen. Ein Gespräch mit einem Fremden an irgendeinem Ort entpuppt sich unverhofft als Glücksfall, an den wir uns lange erinnern. Glück erscheint in Form einer Chance, die wir nie geplant hatten, die uns aber in eine Situation bringt, die genau zu uns passt.

So erkläre ich Klientinnen Glücksgefühle, wenn sie beispielsweise im Coaching darüber klagen, dass sie zu wenig Freude in ihrem Leben haben. Ich bin sicher: Je geistesgegenwärtiger wir durchs Leben gehen, umso eher haben wir die Chance, diese Momente zu erkennen. Je bewusster uns wird, wie viel Glück wir haben, sie erleben zu dürfen, umso stärker werden wir von diesen Glücksnuggets positiv berührt. Wenn wir einmal akzeptiert haben, dass dieses kleine, funkelnde Sekundenglück das wahre Glück ist.

Diese kleine Übung können Sie Ihren Klientinnen empfehlen, wenn Ihnen mein Glücksnugget-Modell gefällt. Ich liebe solche haptischen Übungen, weil man sich damit das Ergebnis plastisch vor Augen führt. Das Bewusstsein für die Glücksmomente im Leben wird geschärft.

1. Sammeln Sie an einem Fluss oder einem See einige Hände voll kleiner Kieselsteine. Nicht zu große, sondern solche, von denen vielleicht so zehn in eine Faust passen.
2. Zu Hause können Sie sie sauber schrubben und trocknen. Dann können Sie sie vergolden – entweder mit Goldspray oder mit Pinsel und Acrylfarbe, sodass sie einladend gülden funkeln. (Sie können sich natürlich genauso gut kleine Glücksnuggets im Bastelladen kaufen.)
3. Danach legen Sie diese kleinen Gold-, also Glücksnuggets in eine Schale. Daneben stellen Sie ein schönes Glas.
4. Jeden Abend überlegen Sie sich nun, wie viele dieser winzigen Glücksmomente Sie tagsüber gespürt haben. Für jeden Moment nehmen Sie einen Glücksnugget aus der Schale und legen ihn in das Glas.

5. Beobachten Sie, wie viele sich in einer Woche oder in vier Wochen sammeln. Ist das Glas bald gefüllt, erinnern Sie sich an die schönen Momente, und die Gewissheit wird steigen, dass es immer Glücksmomente in Ihrem Leben geben wird.
6. Ist dagegen das Glas am Ende der Woche noch sehr leer und Sie haben das Gefühl, diese paar Nuggets reichen nicht, Sie wollen mehr? Dann überlegen Sie, was Sie selbst tun können, um die Anzahl der Glücksnuggets zu vergrößern:

- Was vermissen Sie in Ihrem Leben?
- Wodurch entsteht dieser Glücksmangel?
- Mit wem könnten Sie telefonieren, der Ihnen guttut?
- Wen haben Sie schon lange nicht mehr getroffen?
- Was hat Ihnen früher dieses Funkeln verschafft?
- Was können Sie selbst verändern, anfangen oder aufhören?
- Mit wem sollten Sie darüber reden?

Tool 20: Die Münz-Entscheidung
Kopf oder Zahl?

Eine Klientin steckt in einem Dilemma: Angelika hat das Angebot für eine feste Stelle in der Schweiz. Fast hat sie dort schon zugesagt. Dann bekam sie ganz überraschend das Angebot, für ein befristetes Projekt ein Jahr lang in Griechenland zu arbeiten. Wow.

»Ich weiß nicht, wofür ich mich entscheiden soll. Beide Angebote sind attraktiv. Können Sie mir helfen, Klarheit zu gewinnen?«

Ich habe eine spontane Idee. Ich sage ihr: »Ich habe hier eine Münze, die hat auf der einen Seite einen Kopf und auf der anderen eine Zahl. Jetzt müssen Sie sich nur entscheiden, welche der beiden Möglichkeiten bekommt die Kopfseite zugeordnet und welche die Zahl?«

Angelika weiß zwar nicht, worauf ich hinauswill, aber sie vertraut mir und entscheidet: »Kopf Schweiz, Zahl Griechenland.«

Ich werfe die Münze hoch und fange sie mit der rechten Hand auf. Dann lege ich sie auf meinen linken Handrücken. Ich zeige Angelika das Ergebnis: Die Kopfseite liegt oben. Sie weicht zurück, hält die Hände abwehrend vor sich und ruft wie aus der Pistole geschossen: »Scheiße!« Und dann: »Nein, wirklich nicht.« Und kurz darauf: »Ich nehme das Angebot für Griechenland an.«

Wie jetzt? Gerade noch war sie völlig unentschlossen und plötzlich so entschieden? Ich habe mal wieder das Wunder der Körperweisheit erlebt. Selbst wenn unser Kopf noch alle Möglichkeiten abwägt, das Gedankenkarussell sich dreht und wir angeblich völlig planlos sind, weiß unser ganzer Körper schon, was wir wirklich wollen.

In Hunderten von Coachings habe ich die Erfahrung gemacht, dass viele Menschen sich innerlich schon längst entschieden hatten: Bleiben oder gehen; tun oder lassen; dies oder das? Aber ihr Verstand wusste es noch nicht. Gedanken, Einwürfe, Normen, Meinungen anderer verwirrten sie immer wieder. Deshalb nutze ich für Fälle, in denen bereits alles hundert Mal abgewogen wurde, diese Methode.

Und das bedeutet wirklich nicht, dass ich mein Glück oder das meiner Klientinnen einem Münzwurf überlasse. Mit Leben spielt man nicht. Das einzig Relevante ist die Reaktion meines Gegenübers auf den Münzwurf. Die meisten Menschen spüren diese

Reaktion sogar körperlich. Man nennt das auch ganz altmodisch »Bauchgefühl«.

Die Münze fällt, jemand zuckt zusammen, »Oh nein«. Oder er nickt bedächtig mit dem ganzen Oberkörper, »Genau«. Ich habe dabei beobachtet: Die körperliche Reaktion tritt sofort ein, erst dann formuliert sich der Gedanke. Mit diesem Impuls arbeiten wir dann im Coaching weiter.

Tool 21: Lösung aus der Tasche

Es liegt auf der Hand

Von dem wunderbaren Coach und Positiven Psychologen Professor Dr. Robert Biswas-Diener (der aufgrund seiner kulturübergreifenden Forschung als »Indiana Jones der Positiven Psychologie« bezeichnet wird), habe ich vor Jahren in einer Fortbildung dieses Tool gelernt. Wann wende ich es an? Wenn eine Klientin schnell eine Lösung für ihren Alltag braucht.

Der Coach versteckt zwei beliebige kleine »metaphorische« Dinge in beiden Fäusten. Das können sein: kleine Stecker, Adapter, Murmeln, Herzen, Schwämmchen, Bohnen, Würfel, Münzen, Plastiktierchen, Bälle, Legosteine, Kaffeebohnen, Schrauben, Kettenanhänger, Blüten, Zuckerstückchen, Holzstücke, Kronkorken, Steine, kleine Schlüssel ... Also alles, was klein genug ist, um in eine geschlossene Faust zu passen. Was es ist, spielt keine Rolle. Die Interpretation der Klientin ist das Entscheidende! Und nach der fragen Sie geduldig.

Und so hat Robert es uns vorgeführt:

Ankündigung: »Ich habe für die Lösung Ihrer Frage in meiner linken und rechten Faust jeweils ein Ding. Wollen Sie es haben?«

Wenn ja – Frage: »Wie hoch ist Ihre Erwartung, dass dies Ihnen helfen wird, eine Lösung zu finden? Sagen Sie mir eine Zahl zwischen 10 und 100.«

Eine Zahl wird genannt (die Höhe ist unmaßgeblich und wird vom Coach so hingenommen). Dann die Frage: »Wollen Sie das Ding aus der rechten oder linken Faust?«

Wenn die Klientin gewählt hat, wieder die Frage: »Wie hoch ist Ihre Erwartung, dass die Lösung tatsächlich da drin ist?«

Der Coach legt der Klientin das Ding in die Faust, ohne dass sie hinschaut. Die Klientin schließt die Faust und fühlt, was es sein könnte. Damit erzeugt der Coach Neugier und Staunen. Die Klientin wird emotional bewegt.

Dann wieder die Frage: »Wie hoch ist jetzt Ihre Erwartung, dass die Lösung tatsächlich da drin ist?«

Die Höhe der Zahl ist unwichtig. Die Klientin soll das Ding jetzt in der Faust erspüren: »Ist es kalt oder warm? Weich oder hart? Was hat das mit Ihrer Frage zu tun?«

Dann öffnet die Klientin die Faust, darf sich das Ding anschauen und überlegt wieder, was das kleine Ding mit der Lösung ihrer Frage zu tun hat. Der Coach schreibt Stichworte dazu auf.

Robert nennt diese Übung »The Magic Moment«. Ich nenne es lieber »Lösung aus der Tasche«. Es ist allerdings wirklich zauberhaft, wie oft das kleine Alltagsding den Klientinnen hilft, blitzschnell eine Idee zur Lösung zu finden.

Hier drei Beispiele:

1. Anja überlegt, ob sie ihre Wohnung in Berlin kündigen soll, sie könnte bei ihrem Freund einziehen. Sie entscheidet sich blind für ein verpacktes Hustenbonbon, das ich in meiner lin-

ken Hand habe. Als sie es schließlich in ihrer Hand ansieht, sagt sie, ohne eine Sekunde zu zögern: »Ich kündige die Wohnung.« Ich frage erstaunt nach. »Wie, so schnell?«
Sie antwortet: »Das Bonbon ist hässlich. Und meine Wohnung ist auch hässlich. Ich kündige.«

2. Michael überlegt, ob sein neues Auto ein Ersatz für das in die Jahre gekommene Familienauto werden soll oder ein Sportwagen. Er findet in seiner Faust eine kleine gelb-schwarze Uhu-Tube und sagt nach wenigen Sekunden: »Einen Sportwagen.« Ich bin ziemlich verblüfft: »Was an der Tube hat Sie so schnell entscheiden lassen?«
Michael mit träumerischer Stimme: »Der Wagen soll auf der Straße kleben!«
3. Harald schreibt seit Monaten an einem Buch (es ist April), er kommt nicht voran. Und er braucht einen Impuls. Er sieht im Rahmen der Übung eine rote Miniweihnachtskugel auf seiner Hand und sagt sofort: »Ja, das ist gut, ich gebe mir Zeit bis Weihnachten. Das fühlt sich richtig an.«

Glauben Sie mir, ich war anfangs genauso verblüfft, wie Sie vielleicht jetzt gerade. Wichtig bei diesem Tool ist, dass Sie als Coach nicht vorher überlegen, was denn hilfreich sein könnte. Sie müssen (und dürfen) gar nichts manipulieren. Ich habe in meinem Coaching-Zimmer eine Kiste mit etwa 50 gesammelten kleinen Dingen, schauen Sie einmal in Ihre Schubladen zu Hause und Sie werden sicher 20, 30 sofort finden. Wenn mir während eines Coachings dieses Tool einfällt, greife ich blind in mein Kästchen und greife einfach zwei Dinge heraus. Umso verblüffender ist es, welche Effekte sie dann oft haben.

Das Überraschendste, das ich je bei diesem Tool erlebt habe, war mit meiner Klientin Andrea, 32, die nicht wusste, ob sie in ihre Heimatstadt zurückziehen sollte oder nicht. Wir haben lange darüber geredet, es gab jede Menge Gründe dafür und dagegen. Dann dachte ich an die Tool-Kiste. Ich griff blind hinein, nahm zwei Dinge in die Faust, und stellte die Fragen. Andrea ließ sich das Ding aus der rechten Hand geben und als sie ihre Faust öffnete, sagte sie umgehend: »Ich ziehe zurück nach Hause.«

Was hatte sie in der Hand? Eine rote Holz-Erdbeere aus dem Kaufladen meiner inzwischen groß gewordenen Enkeltochter. Ich wunderte mich: Was hat jetzt diese Erdbeere mit einem Umzug zu tun? Andrea erklärte es mir: »Ich habe in meiner Heimatstadt früher in einer Band gespielt, die hieß ›The Strawberries‹. Und ich habe dort noch so viele alte Freunde. Ich ziehe zurück.« Unfassbar!

Wie sagt Robert Biswas-Diener: »It's Magic!«

Kaffeepausen-Coaching: Veränderung in zehn Minuten?

Ein LOKC-Coaching fokussiert sich immer auf einen Teilaspekt des Lebens und sucht konkrete Lösungen. Anlässe dafür ergeben sich immer wieder mal. Zum Beispiel ruft eine Kundin an und braucht dringend fünf Minuten, weil sie gerade Nebel im Kopf hat und Klärung braucht.

Es gibt eine Zauberfrage, die Menschen sehr schnell zum Punkt bringt. Sie heißt: »Was hält Sie davon ab, das zu tun, was Sie selbst für richtig halten?« Es ist der Schritt vor dem Schritt, den Menschen manchmal nicht hinkriegen. Es gibt die verborgenen Verhinderungsgründe, wegen denen logische Entscheidungen immer wieder verschoben werden. Wenn die erkannt und aufgelöst sind, ist der Weg frei für alles andere.

Der Mensch braucht etwa 50 Impulse, um etwas in seinem Leben zu verändern. Von einer Studie, die das herausgefunden hat, hat mein amerikanischer Coach-Kollege Doug Stevenson auf einem Kongress erzählt: Vielleicht seien es auch nur 46 oder gar 52 Impulse, so genau wisse man das auch nicht. Aber solange der 42., 43. oder 45. Impuls noch nicht angekommen sei, könne der Mensch sein Vorhaben noch nicht anpacken.

Menschen nehmen sich zum Beispiel vor, abzunehmen oder mehr Sport zu machen. Setzen es aber nicht um. Dann lesen sie etwas in der Zeitung, der Wunsch wird erneut wach – ist aber noch nicht stark genug. Dann reden sie mit jemandem, der Ähnliches geschafft hat. Reicht immer noch nicht. Dann sagt ihnen jemand, du kannst doch mal … Und wenn der 50. Impuls erreicht ist, dann ist es plötzlich ganz einfach.

Ein Beispiel fürs Kaffeepausen-Coaching?

Vor einiger Zeit bekam ich diese Mail (das Coaching hat etwa zehn Minuten gedauert):
»Hallo, Frau Asgodom, Sie werden mich sicher nicht mehr kennen, da ich nur an Ihrem Speedcoaching 2009 in Hamburg am Equal Pay Day teilgenommen habe. Damals war die Frage: erst Kind und/oder weiter Karriere? Sie rieten mir aus Ihrer Erfahrung heraus, dem inneren Wunsch nachzugehen. Gesagt, getan: Fritz ist jetzt drei Jahre alt und ich bin wieder durchgestartet und erfolgreicher als jemals zuvor. DANKE! Viele Grüße aus B., Jasmin P.«

Mir gefällt dieses Bild der 50 Impulse so gut, weil es auch erklärt, warum manche Menschen Lösungen so nahe sind, die sie »eigentlich« längst wissen. Und durch ein kurzes Coaching, mit vielleicht nur drei oder vier Fragen, plötzlich ins Handeln kommen. Kurzzeit-Coachings können also den letzten und entscheidenden Impuls setzen. Oder wie ich es manchmal salopp formuliere: Meine Leidenschaft ist es, Menschen liebevoll in den Hintern zu treten. Und der kleine letzte Schubser ist es manchmal, der sie ins Laufen bringt.

Wie oft geschieht es auch in Seminaren, dass sich plötzlich Teilnehmerinnen melden und eine Frage haben, für die sie selbst keine Lösung finden. Wie dieser 52-jährige Mann, nennen wir ihn Martin, der in einem Gelassenheitsseminar missmutig sagte: »Ja, ja, ich würde gern auch mal wieder etwas für mich tun.«

Ich: »Was würden Sie denn gern mal wieder machen?«

Martin: »Ich würde gern mal wieder angeln gehen.«

»Warum gehen Sie nicht?«

»Ich habe keine Zeit.«

»Warum haben Sie keine Zeit?«

»Ich arbeite jeden Abend zu lang.«

»Und was ist mit den Wochenenden?«

»Die verplant immer meine Frau.«

»Wie oft würden Sie denn gern angeln gehen?«

»Einmal im Vierteljahr.«

»Was könnten Sie denn tun, um sich diesen Wunsch zu erfüllen?«

Er – nach einer langen Pause: »Ich müsste mit meiner Frau sprechen.«

»Was hält Sie davon ab?«

»Ich habe ein schlechtes Gewissen, noch weniger Zeit für meine Familie zu haben.«

»Könnten Sie mit Ihrer Frau auch darüber reden?«

»Ja, schon.«

»Wann werden Sie das tun?«

»Weiß ich noch nicht.«

»Wie ernst ist Ihr Wunsch?«

»Doch, ich möchte es schon.«

»Okay, dann sagen Sie mir ein konkretes Datum, bis wann Sie mit Ihrer Frau übers Angeln reden werden.«

»Am nächsten Wochenende.«

»Viel Erfolg! Schreiben Sie mir, wie es ausgegangen ist?«

Martin schrieb mir 14 Tage später tatsächlich eine E-Mail. Sie hatte in etwa folgenden Inhalt: »Liebe Frau Asgodom, Sie erinnern sich, ich bin der Mann, der gern mal wieder angeln gehen wollte. Ich habe, wie verabredet, mit meiner Frau gesprochen. Sie hat gesagt, geh doch angeln, wenn du das gern möchtest! Danke für Ihre Hilfe.«

Investition in diese Veränderung: fünf Minuten im Seminar, zehn Minuten im Gespräch mit seiner Frau – für eine Freude, die er sich selbst macht und die sein Leben ein bisschen schöner macht. Vielleicht wird Ihnen an diesem kurzen Beispiel klar, wie hilfreich Kurzzeit-Coaching sein kann. Und wir sollten auch bei der kleinsten Minimäuseschritt-Übung die Auswirkung nicht unterschätzen: Coaching kann so zur Salutogenese beitragen, sprich zur Gesunderhaltung – von Mensch, Motivation und Beziehung.

Und noch etwas lässt sich an dieser kleinen Coaching-Episode zeigen: Überhaupt nicht hilfreich wäre gewesen, wenn ich die Distanz nicht hinbekommen hätte. Wenn ich mich beispielsweise entrüstet hätte: »Was denn, wollen Sie Ihre Familie überhaupt nicht mehr sehen?« Oder getröstet: »Ja, das ist blöd. Ach, Mensch, Sie Armer. Vielleicht können Sie es in ein paar Jahren noch mal versuchen, wenn die Kinder groß sind.« Oder appelliert hätte: »Arbeiten Sie halt weniger! Das kriegen Sie schon hin.« Oder mich solidarisiert hätte: »Was haben Sie denn für eine herzlose Frau, die Ihnen das nicht gönnt?«

Das unterscheidet das Coachen von ganz vielen Stellungnahmen, die wir zu den Problemen anderer Menschen einnehmen – trösten, bestärken, beschwichtigen, Standpauke halten, anweisen. Vielleicht kennen Sie den Vergleich: Im Wort Ratschlag verbirgt sich das Wort »Schlag«. Deshalb geht es beim Coachen nicht darum, anderen Menschen Ratschläge zu geben. Die enthalten immer den verbalen Zeigefinger. Aber den Horizont zu erweitern, den Blick über den Tellerrand zu ermöglichen, das macht Sinn. Also Angebote zu machen, Alternativen aufzuzeigen – das kann sehr hilfreich sein. Und ich bin eine Verfechterin davon, als Abschluss die Terminfrage zu stellen: »Bis wann werden Sie was machen?« Erst wenn es zum »Commitment« kommt, also wirklich der Wunsch, etwas zu tun, überhandnimmt, gibt es die Chance, dass die Lösung umgesetzt wird.

Übrigens: Und wenn nicht, dann nicht. Der Mensch, der sich auf keinen Termin einlässt, der spürt, dass es noch nicht das ist, was er wirklich will. Und das akzeptiere ich genauso.

Meine Erfahrung aus mehr als 30 Jahren Coaching: Die meisten Menschen haben die Lösung für ihr Problem, ihren Wunsch, schon in etwa im Kopf. Eigentlich wüssten sie, was sie tun könnten. Manchmal ist ihnen das nicht bewusst, manchmal erscheint es ihnen zu einfach oder zu schwer. Manchmal kommt man erst im Dialog auf eine gute Idee. Manchmal fehlt der letzte Impuls, um zu handeln. Manchmal brauchen sie die Erfahrung von jemandem, der über viel Lebenserfahrung verfügt. Und manchmal brauchen sie quasi den »Stempel« von jemandem, den sie für kompetent oder eine Autorität halten: »Ja, tu es!« Und manchmal brauchen sie den Coach einfach, damit er das Türchen im Hirn aufsperren hilft, hinter dem sich die Lösung versteckt.

TOOL-KOFFER 4

Orientierung finden

Hier stelle ich Ihnen die nächsten sieben Übungen vor, mit denen Sie im Coaching oder im Selbstcoaching Zukunftsvisionen fördern können. Der Schwerpunkt dieser Tools liegt auf

- Visionen
- Absicht
- Handlungsimpulsen
- Perspektivwechsel
- Strategien

Tool 22: Brief aus der Zukunft

Geschickt zur passenden To-do-Liste

Mit diesem Tool können Sie die innere Weisheit Ihrer Klientinnen nutzen, damit sie auf tragfähige Lösungen kommen.

Bitten Sie Ihre Klientin, sich drei bis fünf Blätter Schreibpapier und einen Stift zu nehmen. Dann bitten Sie sie, an den oberen rechten Rand das aktuelle Datum in einem Jahr zu schreiben (also beispielsweise am 1. September 2024 das Datum 1.9.2025).

Und jetzt formulieren Sie folgende Vorgabe:

»Schreiben Sie bitte einen Brief an eine gute Freundin oder einen guten Freund aus der Sicht von heute in einem Jahr. Erzählen Sie in diesem Brief, was sich im vergangenen Jahr positiv entwickelt hat. Wie Sie Ihre Ziele erreicht und Ihr Projekt positiv abgeschlossen haben. Beschreiben Sie auch, welche Hindernisse Sie überwunden haben und wer Ihnen bei der Umsetzung geholfen hat. Und zwar vom heutigen Datum an.«

Bevor es losgeht, bitten Sie Ihre Klientin, »exzessives Schreiben« zu nutzen. Also, den Stift bis zum Schluss nicht abzusetzen, sondern die 20 Minuten immer weiterzuschreiben, ohne Pause. Der Vorteil: Die Gedanken können fließen und werden nicht ständig durch den inneren Kritiker abgeändert, infrage gestellt und behindert.

Warum soll sie mit der Hand schreiben? Wissenschaftler haben festgestellt, dass diese Schreibweise kreativer ist, als wenn wir auf einem PC oder iPad schreiben. Geben Sie Ihrer Klientin nach 18 Minuten einen Hinweis, dass sie langsam zum Schluss kommen muss.

Ein Beispiel für einen solchen Brief aus der Zukunft:

»1.9.2025. Lieber Holger, vor genau einem Jahr hatte ich mich entschlossen, mich selbstständig zu machen. Als Erstes habe ich einen Gründerinnen-Workshop gebucht und meine Geschäftsidee dort vorgestellt. Ich habe viele wichtige Hinweise und Tipps bekommen. Das hat mich dazu befähigt, einen richtigen Business-Plan zu schreiben, der auch meine Bank überzeugen konnte. Dabei hat mir mein Freund Christoph geholfen, der ja selbst schon einige Jahre erfolgreich mit seinem Unternehmen am Markt ist. Durch ihn habe ich auch den Vermieter vom Haus in der Mariannen-Straße kennengelernt, direkt hinterm Kirchplatz, der einen kleinen Laden zu vermieten hatte. Nachdem die Finanzierung gesichert war, habe ich im April den Mietvertrag unterschrieben.

Ich hatte dann drei Monate Zeit, um die leerstehenden Räume zu renovieren und zu möblieren. Meine Freunde Max und Sybille haben mir dabei tatkräftig geholfen. Meine Eltern sind auch extra einige Wochen hergekommen und Mama hat alle Gardinen genäht. Papa war mit seinem Super-Werkzeugkoffer in seinem Element.

Zwischendrin gab es Probleme mit dem Internet, aber auch die konnten wir ausräumen. Gerade rechtzeitig wurde meine Website fertig, für die ich eine frühere Kollegin aus der IT gewinnen konnte.

Ich hatte meine Stelle schon zum März auf freie Mitarbeit umgestellt, sodass ich noch Einnahmen zur Sicherheit habe. Meine Chefin war sehr verständnisvoll und hat das alles ermöglicht. Ich habe auf einer Messe in München wunderbare Lieferanten gefunden, die mich pünktlich vor der Eröffnung mit toller Ware beliefert haben.

Ich habe tatsächlich am 1. Juli mein Geschäft für Curvy Women eröffnet. Katharina hat mir sogar einen Kontakt zu einer freien Mitarbeiterin unserer Heimatzeitung vermittelt, die einen sehr schönen Artikel zur Eröffnung geschrieben hat.

Es ist immer noch sehr viel zu tun. Aber ich bin froh, dass ich den Schritt gewagt habe. Du musst mich unbedingt besuchen und dir mein Schätzchen ansehen.«

Während Ihre Klientin sich wahrscheinlich das schmerzende Handgelenkt reibt (so viel mit der Hand zu schreiben sind wir kaum noch gewohnt), lassen Sie sich den Brief vorlesen. Dann bitten Sie Ihre Klientin, alle Sätze in ihrem Brief zu unterstreichen, die einen Handlungsimpuls beinhalten. Also, was hat sie konkret für die Erreichung ihres Ziels getan?

Unser Beispiel:

»1.9.2025. Lieber Holger, vor genau einem Jahr hatte ich mich entschlossen, mich selbstständig zu machen. Als Erstes habe ich einen Gründerinnen-Workshop gebucht, und meine Geschäftsidee dort vorgestellt. Ich habe viele wichtige Hinweise und Tipps bekommen. Das hat mich dazu befähigt, einen richtigen Business-Plan zu schreiben, der auch meine Bank überzeugen konnte. Dabei hat mir mein Freund Christoph geholfen, der ja selbst schon einige Jahre erfolgreich mit seinem Unternehmen am Markt ist. Durch ihn habe ich auch den Vermieter vom Haus in der Mariannen-Straße kennengelernt, direkt hinterm Kirchplatz, der einen kleinen Laden zu vermieten hatte. Nachdem die Finanzierung gesichert war, habe ich im April den Mietvertrag unterschrieben.

Ich hatte dann drei Monate Zeit, um die leerstehenden Räume zu renovieren und zu möblieren. Meine besten Freunde Max und Sybille haben mir dabei tatkräftig geholfen. Meine Eltern sind auch extra einige Wochen hergekommen und Mama hat alle Gardinen genäht. Papa war mit seinem Super-Werkzeugkoffer in seinem Element.

Zwischendrin gab es Probleme mit dem Internet, aber auch die konnten wir ausräumen. Gerade rechtzeitig wurde meine Website fertig, für die ich eine frühere Kollegin aus der IT gewinnen konnte.

Ich hatte meine Stelle schon zum März auf freie Mitarbeit umgestellt, sodass ich noch Einnahmen zur Sicherheit habe. Meine Chefin war sehr verständnisvoll und hat das alles ermöglicht. Ich habe auf einer Messe in München wunderbare Lieferanten gefunden, die mich pünktlich vor der Eröffnung mit toller Ware beliefert haben.
Ich habe tatsächlich am 1. Juli mein Geschäft für Curvy Women eröffnet. Katharina hat mir sogar einen Kontakt zu einer freien Mitarbeiterin unserer Heimatzeitung vermittelt, die einen sehr schönen Artikel zur Eröffnung geschrieben hat.
Es ist immer noch sehr viel zu tun. Aber ich bin froh, dass ich den Schritt gewagt habe. Du musst mich unbedingt besuchen und dir mein Schätzchen ansehen.«

Ist Ihnen etwas aufgefallen? Die Handlungsimpulse brauchen abschließend nur noch in eine To-do-Liste übertragen werden und die Herangehensweise erscheint ziemlich klar. Alles Weitere können Sie im Coaching besprechen und Ihre Klienten eventuell weiter begleiten.

Dies ist eine wesentlich kreativere Methode als die Klienten aufzufordern, ihr Ziel klar zu benennen und die einzelnen Schritte systematisch aufzuschreiben.

Diese Methode eignet sich für fast alle Wünsche unserer Klientinnen:

- Stelle wechseln
- eine Familie gründen
- sich ehrenamtlich engagieren
- Verhältnis zu Kollegen verbessern
- eine Weiterbildung durchziehen
- den Traummann, die Traumfrau finden

- weniger arbeiten
- Geld sparen
- sich entwickeln …

Tool 23: Die vier A zur Veränderung

Gegen blinden Aktionismus

Als Trainerin habe ich schon viele Unternehmen und Change-Projekte begleitet. Ich habe in den letzten zehn Jahren intensiv beobachtet, woran es liegt, ob Vorhaben gelingen oder scheitern. Die Erkenntnisse habe ich in Vorträge für meine Kundinnen als »Vier A zur Veränderung« einfließen lassen. Die vier A haben einen unterschiedlichen Anteil am Erfolg:

- Absicht (15 Prozent)
- Ambivalenz (30 Prozent)
- Attraktivität (40 Prozent)
- Aktion (15 Prozent)

Die vier A setze ich jetzt auch zunehmend als angewandte Erfahrung in LOKC-Coachings ein. Auch hier passiert es schon mal, dass die Klientinnen das Ziel aus den Augen verlieren. Oder dass ihnen das Durchhaltevermögen fehlt. Und das hat immer Gründe. Eine gute Vorbereitung durch die vier A kann Enttäuschungen vermeiden.

1. Absicht. Wenn wir etwas verändern wollen, brauchen wir eine klare Vorstellung, also eine Absicht. Und zwar nicht (selbst gut gemeinte) Appelle anderer: »Du könntest ja auch mal …« Auch nicht eine halbgare Entscheidung wie: »Ich sollte vielleicht auch mal …« Sondern eine klare Absicht: »Ich will!« Besser noch: »Ich mache!« Und möglichst: »Ich mache ab heute …« und »Ich mache bis …«. Dazu brauchen Klientinnen als Erstes ein klares Bild ihres Zielzustands, man kann auch sagen: eine Vision. Untersuchungen haben übrigens gezeigt, dass eine Zielrichtung »Hin zu etwas« mehr Umsetzungsenergie erzeugt als die Zielrichtung »Weg von etwas«. Womit Klientinnen sich eine klare Vision erarbeiten können, finden Sie in der »Visionsreise« (Tool 28). Diese Vision lässt sich als Beschreibung oder auch als Zeichnung gut irgendwo hinhängen, wo man sie als Erinnerung und Bestärkung mindestens einmal am Tag sieht.

2. Ambivalenz. Kaum haben wir uns etwas vorgenommen, tauchen meistens auch schon die Ängste auf. Wie beim Aber-Besen (Tool 15) schon beschrieben, nenne ich Ambivalenz deshalb die »Schiffschaukel der Ängste«: »Aber wenn ich das machen will, muss ich ja damit aufhören …« oder »Wenn ich das erreichen will, muss ich ja jeden Tag …«. Nach meiner Erfahrung hat es keinen Sinn, diese Ängste oder Aber beiseitezuschieben und zu ignorieren. Sie werden immer wieder als Störfeuer unser Ziel gefährden. Deshalb ist es sinnvoll, alle Aber aufzuschreiben und auf ihre Bedeutung abzuklopfen. Können sie Sie wirklich davon abhalten, Ihr Ziel zu verfolgen?

3. Attraktivität. Nur wenn wir wirklich begeistert ein Ziel anstreben, ist die Wahrscheinlichkeit hoch, dass wir es auch erreichen. Wenn uns also unser eigenes Ziel eher langweilt, macht es Sinn, es »aufzuwerten«. Ein Beispiel aus meinem Leben: Das Wort Abnehmen hatte nach 50 Jahren Abnehm-Geschichte nur noch die

Attraktivität eines welken Salatblatts für mich. Als ich letztes Jahr etwas tun wollte, habe ich die Attraktivität gesteigert, indem ich »Abnehmen« durch »Gesundwerden« ersetzt habe. Ja, das leuchtete mir ein, ich sah Leber, Nieren und Lunge »aufatmen, sich freudig ausbreiten«. Und schaffte es, 20 Kilo abzunehmen. Nach meiner Erfahrung ist die Attraktivität des Ziels das wichtigste aller A's. Unterstützung zur Stärkung der Attraktivität finden Sie in Tool 24 »Der Schlüssel-Ausblick«.

4. Aktion. Wenn das Ziel klar vor Augen steht, die Abers entschärft sind und die Attraktivität ausreicht, dann können Menschen tatsächlich starten, in Aktion gehen. Und nicht andersherum, wie mir neulich eine Projektleiterin erzählte: »Jetzt weiß ich, warum unsere Projekte so oft scheitern, wir fangen immer mit Aktion an.« So geht es Menschen, die beispielsweise gute Vorsätze in der Silvesternacht beschließen. Erst nach und nach schleichen sich die Saboteure ein – und aus ist es mit dem Vorsatz. Wenn Sie Ihr Ziel klar vorbereitet haben, hilft bei der Umsetzung eine Schritt-für-Schritt-Strategie. Auch dazu finden Sie hier in diesem Buch Unterstützung, mit dem Tool 26 »Die Kamelpfad-Strategie«.

Tool 24: Der Schlüssel-Ausblick

Türöffner zur Lösung

Dieses Tool ist während eines Übungs-Coachings im Rahmen meiner Ausbildung entstanden. Ich habe per Zoom eine Teilnehmerin gecoacht, die viele Wünsche an ihr Leben hatte. Anja wollte gern umziehen, das Verhältnis zu ihrem Freund festigen und mehr Spaß in der Arbeit haben. Aber das sei alles noch so verwirrend.

Während ich ihr zuhörte, fiel mir ein Kugelschreiber ins Auge, den mir jemand als Geschenk geschickt hatte. Der Stift hatte die Form eines goldenen Schlüssels. Und ich kam auf eine Idee.

Ich zeigte Anja über die Tischkamera den Schlüssel und sagte: »Schau mal, das hier ist der Schlüssel, der die Tür aufsperren kann, hinter der sich die Lösung für deine Wünsche befindet. Hast du Lust, dich auf ein kleines Spiel einzulassen?« Sie war sofort dabei.

Ich bat sie, die Augen zu schließen und sich eine schöne große Tür vorzustellen. »Mit dem goldenen Schlüssel schließe ich diese Tür auf und öffne sie weit.« Und dann machte ich das Geräusch einer knarzenden Tür.

»Jetzt siehst du die Lösung, die sich hinter dieser Tür verbirgt. Schau dich um in diesem Raum, erkenne, welche Schätze sich dort verbergen. Du hast ein paar Minuten Zeit dafür.«

Ich sah Anja mit geschlossenen Augen dasitzen. Ihr Kopf bewegte sich leicht hin und her, zwischendurch nickte sie immer wieder mal. Und immer öfter stahl sich ein Lächeln auf ihre Lippen.

Nach drei, vier Minuten fragte ich sie: »Und, siehst du die Lösung für deine Wünsche hinter der Tür?«

Sie öffnete die Augen und war ganz klar, als sie ihr zukünftiges Leben beschrieb. Sie wird ihrem Freund einen Antrag machen und ihn heiraten. Sie werden in einem Haus auf dem Land in der Peripherie einer Großstadt leben. Sie wird sich mit ihrem Chef darauf einigen, zwei Tage in der Woche von zu Hause aus zu arbeiten. Und sie wird ein Kind haben.

»Brauchst du noch etwas, um dein Zukunftsbild umzusetzen?«

Anja: »Nö. Nachher werde ich mit meinem Freund reden und ihm von meiner Vision berichten.«

Dieses Schlüssel-Tool eignet sich auch sehr gut fürs Selbstcoaching, habe ich festgestellt. Hier eine kurze Anleitung, wenn Sie es ausprobieren wollen:

Nehmen Sie sich für diese Übung mindestens 15 Minuten Zeit. Vertrauen Sie darauf, dass sich im Innehalten die Lösung zeigt. Setzen Sie sich gemütlich hin und schließen Sie die Augen.

Stellen Sie sich vor, Sie besitzen den Schlüssel zu der Tür, hinter der Ihre Lösung verborgen ist. In Ihrer Fantasie drehen Sie den Schlüssel um und die Tür öffnet sich knarzend.

Lassen Sie Ihren inneren Blick wandern. Schauen Sie, was sich in dem Raum befindet. Wie wird es sein, wenn Sie etwas verändert haben? Durch welches Handeln sind Sie in die Zielvision gelangt?

Schreiben Sie anschließend auf, was Sie gesehen haben. Achten Sie auf die Details. Und notieren Sie, welche Handlungsimpulse Sie durch diesen Blick bekommen haben.

Sie können eine To-do-Liste anlegen. Oder, wenn Ihnen das Spaß macht, zeichnen, wie die Lösung hinter der Tür ausgesehen hat.

Tool 25: Perspektivwechsel

Neue Sichtweisen durch Rollenwechsel

Meistens sind wir für andere klüger als für uns selbst. Fragt uns die beste Freundin um Rat, bittet uns, Ideen mit ihr zu entwickeln, können wir ihr meistens sehr gut beistehen. Für uns selbst sind wir leider oft nicht so klug, weil wir in unserer Position, in unseren Gefühlen und in unserer Sichtweise gefangen sind. Auf dieser Erfahrung fußt dieses Coaching-Tool.

Um aus den ewig gleichen Gedankenkreisen herauszukommen, bitten Sie Ihre Klientin für kurze Zeit, in die Rolle von jemand anderem zu schlüpfen. Sie schafft damit einen Abstand zu ihrem Problem und bekommt einen Draufblick auf ihre Situation. Sie wechselt also die Perspektive:

Wir alle kennen Aussagen von Menschen in unserer Umgebung wie:

- »Mein Kollege ist ein Widerling!«
- »Meine Schwester mischt sich ständig ein!«
- »Warum tut mein Mitarbeiter nicht, was ich ihm sage?«
- »Die Nachbarn machen Stress!«
- »Meine 14-jährige Tochter ist in den Noten völlig eingebrochen. Was ist nur los mit ihr?«
- »Ich werde gemobbt!«
- »Will mein Mann mich nicht verstehen oder was soll das?«
- »Meine Freundin kommt zu jeder Verabredung zu spät. Das gibt's doch nicht!«
- »Mein Chef gibt mir immer mehr Arbeit, ich kann bald nicht mehr.«
- »Meine Freunde nutzen mich voll aus.«
- »Wenn ich sie besuche, stänkern meine Eltern nur rum.«

Gemeinsam haben alle diese Aussagen, dass die Klagenden meist völlig fassungslos sind, wie »man« nur so sein kann. Und warum die anderen nicht so ticken wie sie selbst, sie sind doch stets verständnisvoll und vernünftig. Oder, wie es in einem alten deutschen Volkslied heißt: »Die Menschen sind schlecht, sie denken an sich. Nur ich denk an mich.« Dem setze ich gern meine schon erwähnte Erfahrung entgegen: »Der einzige Mensch, den Sie ändern können, ist der, den Sie heute Morgen gewaschen und gekämmt, rasiert oder geschminkt haben.«

Heißt das, man muss sich alles gefallen lassen? Nein, natürlich nicht. Aber es wird erst besser, wenn man aufhört, die moralische Keule zu schwingen und darauf zu hoffen, dass die anderen sich ändern werden. Der Coaching-Impuls des Perspektivwechsels kann aus der Fassungslosigkeit herausführen und Handlungsalternativen zeigen.

Stellen wir uns jemanden vor, der über einen Kollegen klagt: »Der schafft das immer wieder, Arbeit abzuwenden. Ich schufte wie ein Idiot und der macht sich ein schönes Leben. Warum ist der so, wir anderen machen ja auch ordentlich unsere Arbeit?« Darin enthalten ist die unausgesprochene Frage: »Warum ist der nicht so wie ich?« Die Antwort lautet: »Weil der anders ist!«

Das hilft dem Fragenden auch nicht viel weiter. Deshalb versuchen Sie es mal mit dem Perspektivwechsel. Und der könnte folgendermaßen ablaufen:

»Stellen Sie sich vor, Ihr Kollege säße jetzt hier und würde mir aus seiner Sicht die Situation schildern. Was würde der mir erzählen?«

»Der würde vielleicht sagen, dass wir alle bekloppt sind, so viel zu arbeiten.«

»Was würde er noch über sich und seine Lebenssituation sagen?«

»Vielleicht, dass er frustriert ist. Er wollte mal Gruppenleiter werden, aber der andere Kollege hat ihm den Job weggeschnappt. Na ja, und er ist total beschäftigt mit dem Umbau von dem alten Haus, das er geerbt hat.«

»Sagen Sie das bitte einmal in seinen Worten, als wären Sie er.«

»Ich hab mir da ein bisschen viel vorgenommen mit diesem Umbau. Die Bude ist noch nicht fertig, aber wir mussten schon einziehen, um Geld zu sparen. Wir leben auf einer Baustelle. Jeden Abend und jedes Wochenende bin ich am Schuften.«

»Haben Sie das jetzt erfunden, oder ist das wirklich so?«

»Nein, das weiß ich von ihm, und man sieht ihn auch rumwerkeln, wenn man an dem Haus vorbeifährt.«

»Was würde er in seinen Worten über die Nicht-Beförderung sagen?«

»Der alte Chef hatte mir jahrelang versprochen, dass ich sein Nachfolger werde, wenn er in Pension geht. Und dann hat er sich doch für diesen jungen Schnösel entschieden. Pah, soll der doch sehen, wie er fertig wird. Also, ich reiße mir kein Bein mehr aus.«

»Wenn Sie die Situation jetzt nur aus der Sicht des Kollegen sehen, können Sie Verständnis dafür aufbringen?«

»Ja, natürlich, schon. Aber das darf doch nicht auf meine Kosten gehen!«

»Da haben Sie völlig recht. Was können Sie tun, damit die ganze Arbeit nicht an Ihnen hängen bleibt?«

»Ich müsste öfter Nein sagen. Und eigentlich ist es ja Sache des Chefs, dass er sich darum kümmert. Der sieht doch auch, was los ist.«

»Warum glauben Sie, dass der sich nicht kümmert?«

»Der will keinen Ärger. Und es geht ja auch so.«

»Solange Sie mitspielen?«

»Tja, dann muss ich wohl mal was ändern.«

Merken Sie, worauf ich hinauswill? Es hilft niemandem, mit dem Finger auf andere zu zeigen: »Die sind schuld.« Eine Erkenntnis des Perspektivwechsels soll sein: Menschen sind, wie sie sind. Und sie werden sich nicht ändern, nur weil wir es uns wünschen.

Wenn überhaupt, schaffen es Menschen nur aus eigener Einsicht, sich zu ändern. Es ist daher für die, die sich beklagen, wesentlich effektiver, die Energie auf das zu lenken, was einzig helfen kann: ihr eigenes Handeln.

Die pubertierende Tochter versinkt in ihren Hormonen und verhaut jede Schulaufgabe? Stehen Sie zu ihr, machen Sie ihr Mut, fordern Sie ein Mindestmaß an Anstrengung – aber sorgen Sie vor allem für Ihre Ausgeglichenheit, tun Sie sich Gutes, holen Sie sich Unterstützung, entlasten Sie sich möglichst. Und dann vertrauen Sie darauf, dass dieses »Gewitter im Hirn«, wie Experten sagen, nach ein, spätestens anderthalb Jahren wieder vorbei ist.

Die Eltern nutzen jeden Besuch von Ihnen, um über ihre Situation zu jammern? Sprechen Sie das an und sagen Sie ihnen klar und deutlich, dass Sie gar keine Lust auf Besuche mehr haben, wenn sich das nicht ändert.

Ihre Freunde nutzen Sie aus? Wer allein kann das verhindern? … Sehen Sie, es funktioniert.

Eine wichtige psychologische Erkenntnis ist: Kein Mensch handelt ohne Grund. Das heißt, Menschen haben einen Grund, so zu sein, wie sie sind, und das zu tun, was sie tun – auch wenn wir anderen das nicht verstehen oder nachvollziehen können. Wir können allerdings unsere Reaktionen auf dieses Handeln verändern.

Besonderheit beim Coachen

Bringen Sie Ihre Klientin dazu, nicht über die anderen, sondern mit der Stimme der anderen zu sprechen. Ermutigen Sie sie, sich in die Rolle der anderen hineinzuversetzen. Es ist erstaunlich, wie gut das den meisten Menschen gelingt. Und geleiten Sie Ihr Gegenüber dann aus der Empörung ins Handeln: Ja, der andere ist so gepolt. Nein, Sie werden ihn nicht ändern. Wenn der andere ist, wie er ist, was heißt das dann für mein Handeln?

Hier einige weitere Ideen, wie Sie Ihre Klientin dazu bringen, die Perspektive zu wechseln:

- Was würden Sie Ihrer besten Freundin raten, wenn sie Ihnen diese Frage stellen würde?
- Wie würde sich Ihre Lieblings-Comicfigur entscheiden? Was würde sie denken? Was würde sie als Erstes tun? Also, frag Garfield, Pluto oder den Pumuckl.
- Was würde Ihnen ein sechsjähriges Kind in ganz einfachen Worten raten?
- Wie würde sich ein Mensch, den Sie für seine Klugheit oder Gelassenheit bewundern, entscheiden?
- Wenn Sie der Coach wären und ich Ihre Klientin, was würden Sie mir raten, was sollte ich tun?

Tool 26: Kamelpfad-Strategie

Erreichbare Etappen

Der Coaching-Impuls der Kamelpfad-Strategie ist immer dann hilfreich, wenn sich jemand ein Ziel vorgenommen hat, das aber plötzlich viel zu weit entfernt oder zu hoch erscheint. »Das schaffe ich nie« ist oft die Botschaft, die das kritische Kopfkino schickt. Es ist egal, um welches »große« Ziel es geht – und was groß ist, ist sehr individuell. Die Angst vor der viel zu hohen Hürde lähmt die Kräfte und macht mutlos. Dieses Coaching-Tool hilft, die Angst aufzulösen und die Kräfte zu fokussieren, die Strecke begehbar zu machen.

Egal, was Sie sich vorgenommen haben: Eine Weiterbildung beginnen – Sich selbstständig machen – Zehn Kilo abnehmen – In eine andere Stadt ziehen – Eine Patchworkfamilie gründen – Kündigen – Einen Schulabschluss nachholen – Einen vollgefüllten Keller aufräumen – Jugendträume verwirklichen – Eine Firma aufbauen – Eine alte Schuld abbauen – Die Beziehung zu einem Menschen verbessern – Eine Lebenswende vollziehen – Den Beschluss umsetzen, nur noch ehrlich zu sein – Eine Fernbeziehung führen …

Manchmal erscheint ein Ziel viel zu weit weg. Wir sehen vor uns eine viel zu lange Strecke, die wir niemals bewältigen können. Mit der Kamelpfad-Strategie lässt sich ein großes Ziel in viele Einzelschritte zerlegen. Dies hat den großen Vorteil, dass die einzelnen Schritte kleiner und gut machbar erscheinen. Und sie sind auch wirklich leichter zu schaffen, sprich, es stellen sich sehr schnell Erfolgserlebnisse ein.

Warum Kamelpfad? Stellen Sie sich vor, Sie gehörten zu einem Nomadenstamm in der Sahara und planten eine Wüstendurchquerung. Das Ziel stünde fest, es wäre ziemlich weit weg. Zeitweise erschiene Ihnen Ihr Plan undurchführbar. Viel zu weit, viel zu schwer. Wie sollen Sie das schaffen? Ohne gute Vorbereitung muss es schiefgehen: Wenn Sie einfach vom Ausgangspunkt (A) quer durch die Wüste zum Ziel (Z) laufen, fallen erst Sie entkräftet um und irgendwann auch Ihre Kamele.

Was Sie als Nomadin bräuchten, ist klar: Kenntnisse über den Weg, starke Kamele, guten Proviant, ausreichend Wasser, gute Reisepartner – und vor allem die Kenntnisse über Oasen, die an Ihrem Weg liegen! Oasen,

- an denen Sie Rast machen können, wo Sie im Schatten der Palmen ausruhen, auch mal einen Sandsturm überstehen;
- an denen Sie Feuerstellen finden, an denen Sie sich etwas kochen können, und wo Sie Wasser für Ihre Kamele bekommen;
- an denen Sie andere Menschen treffen, die ebenfalls unterwegs sind und die Sie vor Unbilden auf Ihrer Route warnen können, vor Räubern etwa, vor wilden Tieren oder vor Treibsand;
- an denen Sie Ihr erfolgreiches Fortkommen genießen und feiern können.

Ein wunderbarer Effekt dieser Oasen-Idee: Sie bringt Struktur in Ihren Weg. Haben Sie eine Oase sicher erreicht, können Sie diese Zwischenetappe als gelungen abhaken. Und es stärkt Ihr Gefühl: Jawohl, ich kann es schaffen, ich komme meinem Ziel immer näher.

Im Coaching können Sie dieses Bild nutzen, um für Ihre Klientinnen ein weit entferntes Ziel erreichbarer zu machen. Übersetzen Sie einfach das Vorhaben, das angestrebt wird, in eine Tour durch die Wüste. Das heißt, definieren Sie als Erstes Ausgangspunkt und Ziel: In welcher Situation geht es los, wo soll der erfolgreiche Abschluss liegen? Und fügen Sie dann so viele »Oasen«, sprich Zwischenziele ein, wie Sie nur können.

Sie brauchen dafür ein Blatt Papier und einen Stift. Tragen Sie links auf dem Blatt Ihre Ausgangslage ein (A) und rechts das Ziel (Z). Und fügen Sie dann die einzelnen »Oasen« ein.

Ein Beispiel: Steffi W. ist mit Ende 20 schon sehr erfolgreich im Beruf. Aber der Druck ist extrem hoch, sie arbeitet sehr viel, muss geschäftlich viel verreisen. Sie hat keine Zeit mehr für Freunde oder Hobbys. Es geht ihr körperlich schlecht, sie hat massive Hautprobleme und sie kann nicht mehr schlafen. Steffi zweifelt am Sinn ihrer Arbeit. Sie kommt ins Coaching, weil sie eine Lösung aus dem Dilemma sucht.

Wir definieren als Erstes Ausgangspunkt und Ziel: Steffi fühlt sich überfordert, deshalb schreiben wir unter A: »Überforderung«. Dann erzählt Steffi, was sie sich als Lösung vorstellt: Da sie nur mittlere Reife hat, würde sie gern noch das Abitur nachmachen und dann BWL studieren. Während sie spricht, klingt sie sehr klar und zielgerichtet. Doch plötzlich übermannen sie wieder die Selbstzweifel: »Das schaffe ich doch nie, wie soll denn das gehen?«

Ich schreibe unter Z erst einmal das Wort »Studium«. Und dann bitte ich sie, mit mir zusammen Zwischenschritte zu überlegen: Was müsste sie denn tun, damit es »geht«, dass sie dieses hohe Ziel erreicht? Ich male vorsorglich fünf Oasen aufs Papier, wir können jederzeit zusätzliche einfügen. Wir beginnen zu überlegen, welche Zwischenetappen Steffi zu ihrem Ziel führen können. An die erste Oase schreibe ich auf ihr Geheiß »Abitur nachmachen«. Sie schnauft tief durch und sieht nicht sehr zuversichtlich aus.

Ich weise sie darauf hin, dass es hilfreich sein könnte, davor noch ein, zwei andere Oasen einzufügen. Die nächste ist vom Ausgangspunkt gar nicht weit entfernt und heißt: »Erkundigen, wie ich das Abitur nachmachen könnte«. Steffi nickt. Ja, das kann sie leicht herausfinden, am einfachsten im Internet. Wir schreiben einen Termin daneben: bis übernächste Woche.

Erkennen Sie schon das Prinzip? Die Zwischenschritte sollten so klein sein, dass sie wirklich leicht zu erreichen sind. Und: Die erste minikurze Wegstrecke zur ersten Oase ist die wichtigste der ganzen langen Tour. Denn wenn Steffi es nicht einmal schafft, sich zu erkundigen, kann sie die weitere Wegstrecke vergessen.

Neben die nächste Oase schreibe ich das nächste Zwischenziel: »Die Finanzierung kalkulieren«. Wie kann Steffi das Vorhaben finanziell tragen? Sie diktiert mir: Gibt es Stipendien? Kann ich stundenweise in meiner Firma weiterarbeiten? Oder kann ich woanders jobben?

Nach und nach füllen sich die anderen Oasen. Steffi will so schnell wie möglich ihre Stelle kündigen, sie kann einfach nicht mehr. Sie überlegt, in eine kleinere und damit preiswertere Wohnung zu ziehen, vielleicht sogar wieder zu ihren Eltern. Das will sie für sich klären. Sie will mit ihrer Chefin sprechen, dass sie Zeit fürs Lernen braucht. Und so arbeiten wir uns zügig vor bis zu ihrem Ziel: »Studienabschluss in BWL«.

Am Schluss dieser intensiven Arbeit ist Steffi erschöpft, aber auch verhalten zuversichtlich. Die drei ersten Oasen auf ihrem Weg sind relativ leicht zu erreichen, sie will sich sofort auf den Weg machen, wenn sie nach Hause kommt. Und wir vereinbaren, dass sie bei Bedarf noch einmal zu mir kommt.

Vier Monate später kommt Steffi erneut ins Coaching. Sie bringt mir ein Geschenk mit: eine blaue Kinderlampe in Form eines – Kamels! Sie grinst, während sie ihr Geschenk begründet: »Ich habe die ersten vier Oasen meines Kamelpfads erreicht. Und möchte mich bei Ihnen bedanken. Ich habe mich eingeschrieben und habe die Abendschule begonnen. Das Lernen fällt mir leicht. Ich habe mit meiner Chefin gesprochen, dass ich Zeit zum Lernen brauche. Und sie war überraschend entgegenkommend. Vielleicht kann ich sogar stundenweise auch während des Studiums weiterarbeiten.« Jetzt strahlt sie.

Steffi hat ihr Studium längst beendet. Sie hat nach vier Jahren als Angestellte in einem Weltkonzern beschlossen, sich selbstständig zu machen, und ich höre immer wieder einmal von ihren Erfolgen. Mich erinnert die Lampe daran, wie hilfreich die Kamelpfad-Strategie sein kann.

Wenn Sie in einem Coaching dieses Tool einsetzen, achten Sie darauf, ob die Zwischenschritte auch wirklich klein genug sind. Am besten notieren Sie diese Minioasen. Je einfacher, desto besser, jedes Häkchen macht Lust auf den nächsten Schritt. Wenn Sie mit Ihren Klientinnen ins Detail gehen, erfahren Sie auch besser, welche »Aber« Ihr Gegenüber noch im Kopf hat. Was also auf dem Weg zum Ziel noch geklärt werden muss.

Tool 27: Tertium-Datur-Methode

Streit schlichten

»Tertium non datur« – es gibt keine dritte Möglichkeit, haben die alten Römer gesagt. Es ist oder es ist nicht, hieß die logische Behauptung. Also entweder – oder. Es gibt nur eine Wahrheit.

In meiner Coaching-Praxis habe ich festgestellt, dass in der Beurteilung einer Situation zwei Menschen durchaus gleichzeitig recht haben können – jeweils aus ihrer Sicht der Dinge, also als subjektives Empfinden über das, was geschehen ist oder soll. Und das bietet eine Grundlage dafür, wieder ins kreative Handeln zu kommen. Also »Tertium datur!«

In einem Konflikt bietet dieses Tool eine Einladung zur Versöhnung: »Ich verstehe deine Sichtweise. Was bedeutet das für unser zukünftiges Handeln?« Menschen können die Wagenburg des Rechthabens leichter verlassen, wenn ihnen zugestanden wird, dass sie (zumindest subjektiv) ebenfalls recht haben.

Voraussetzung ist die beidseitige Bereitschaft zur Verständigung – das Tool hilft nur, wenn beide wieder einen Weg zueinander finden wollen. Wenn sie großzügig genug sind, aushalten zu können, dass der andere vielleicht auch ein bisschen recht hat. Das Verlassen der starren Rechthaberei öffnet dann die Tür zur Verständigung.

Ein Beispiel: Der Marketingleiter eines mittelständischen Unternehmens hat mir den Auftrag gegeben, zwei Kolleginnen zu coachen, die sich ständig bekriegen. Er hat Angst, dass die Jüngere von beiden kündigen könnte. Ich schlage ihm die Tertium-Datur-Methode vor, er ist einverstanden.

Ich telefoniere vorweg mit beiden Frauen. Beide bestätigen, dass die Zusammenarbeit mit der anderen unerträglich sei. Aber beide sind wenigstens bereit, gemeinsam ins Coaching zu kommen.

Ich treffe die beiden im Konferenzraum eines Hotels. Sie kommen getrennt an und grüßen sich kaum.

Ich frage zuerst Marianne, die seit 24 Jahren im Unternehmen ist, wie sie die Situation einschätzt. Sie beschwert sich sofort, dass die andere vor Kurzem, ohne ihr Bescheid zu sagen, zu einem gemeinsamen Kunden gefahren sei.

Ich wende mich Corinna zu, sie ist 27, hat BWL studiert mit Schwerpunkt Marketing und ist seit einem Jahr im Unternehmen, ob sie den Ärger von Marianne verstehen könne.

Sie bestätigt das, begründet aber sofort temperamentvoll, dass Marianne auch ohne ihr Wissen vor Kurzem dies und das gemacht hätte.

Ich frage Marianne, ob das stimme und sie verstehen könne, dass Corinna darüber verärgert war. Ja, gibt sie mürrisch zu. Aber …

So reisen wir nach und nach immer tiefer in die Anfänge des Konflikts. Unterwegs stellt sich heraus, dass Marianne wegen ihres Alters und fehlender Ausbildung Angst hat, dass sie von Corinna ausgebootet werden könnte. Und Corinna hatte bei der Einstellung die Zusage bekommen, dass sie frei walten und schalten könne, niemand hatte ihr von Marianne erzählt.

Das beiderseitige Verständnis wächst in dem Maße, in dem der eigene Ärger ausgesprochen werden kann. Es wird das erste Mal gelacht – »Ja, das war auch blöd von mir.«

Jetzt kommt die entscheidende Frage: »Wenn wir davon ausgehen, dass Sie beide Ihre Sichtweise auf die Entwicklung dieses Konflikts haben. Wie könnte eine weitere, zufriedenstellende Zusammenarbeit aussehen?«

Jetzt wenden die beiden Frauen sich einander zu, schauen sich in die Augen, nehmen Bemerkungen der anderen auf, machen Vorschläge, nicken, lächeln. Plötzlich haben sie eine gemeinsame Vision der Zusammenarbeit. Sie freuen sich sogar darauf.

Beim gemeinsamen Mittagessen nach dem Coaching beginnen sie, über sich zu erzählen, entdecken erstmals Gemeinsamkeiten, reden von »Wir«.

»Was werden Sie jetzt unserem Chef erzählen?« fragen sie mich beim Abschied.

»Ich? Gar nichts. Ich habe mit ihm vereinbart, dass Sie ihn nach unserem Treffen informieren. Bekommen Sie das hin?« Beide nicken mutig und beschließen, noch zusammen Kaffeetrinken zu gehen.

Mission completed.

Tool 28: Visionsreise

Augen zu und los!

Der amerikanische Professor C. R. Snyder von der University of Kansas hat vor Jahren eine Studie über »High Hoper« veröffentlicht. Das sind Menschen, die alle Kreativität und Kraft in Projekte investieren können, weil sie die Hoffnung haben, dass sie ihre Ziele auch erreichen werden. Eine entscheidende Fähigkeit dabei ist, so zu denken und zu handeln, als ob das Ziel bereits erreicht sei.

Nehmen wir an, Ihr Ziel ist es, in Zukunft stärker aufzutreten und souverän mit Menschen umzugehen. Dann können Sie eine Vision davon entwickeln, wie es sein wird, wie Sie sich dann fühlen werden, mit wem Sie es dann zu tun haben. Sie sehen sich also, wie Sie sein werden, wenn Sie das Ziel schon erreicht haben. Amerikaner nennen das »Fake it till you make it«. Oder wie ich es in einem Interview mit einem Spitzensportler mal gelesen habe. Er hat in etwa gesagt: »Ob ich gewinnen werde, entscheidet sich im Aufwärmraum. Entweder ich glaube daran oder nicht.«

Das ist das Charmante an diesem Coaching-Impuls der Visionsreise, die ich seit fast 20 Jahren erfolgreich mit Coaching-Klientinnen anwende: Sie ermöglicht Ihnen, Bilder vor dem inneren Auge im Kopf entstehen zu lassen, die Ihnen gefallen und die Sie anregen, etwas dafür zu tun, sie auch zu erreichen. Der Impuls eignet sich zum Coachen genauso wie zum Selbstcoaching, was nur ein paar zusätzliche technische Voraussetzungen verlangt (dazu gleich mehr).

Keine Angst, dies ist keine Übung im Hellsehen. Durch die entspannte Situation entstehen lediglich Bilder in Ihrem Kopf, die Wünschen und Sehnsüchten entsprechen, die Sie bewusst oder unbewusst schon lange haben. Mithilfe der Visionsreise werden diese nur sichtbar.

Und so geht es im Coaching

Setzen Sie sich entspannt mit Ihrem Coachee zusammen, sorgen Sie dafür, dass Sie ungestört sind. Bitten Sie die andere, sich bequem hinzusetzen und die Augen zu schließen. Sie lesen ihr jetzt im Abstand von etwa 45 bis 60 Sekunden die einzelnen Fragen vor. Die andere muss nicht antworten, sondern einfach die Bilder im Kopf wahrnehmen.

Hier der Wortlaut der Fragen, die Sie natürlich variieren können. Ich verändere die Fragen stets minimal auf das Coaching-Ziel der Klientin hin:

»Es ist drei Jahre später. Sie haben viel erreicht in Ihrem Leben.

Sie sitzen am Morgen im Wohnzimmer Ihres Hauses, Ihrer Wohnung. Schauen Sie sich dort einmal um.

Welche Möbel stehen darin, welche Geräte? Welche Bilder hängen an den Wänden?

Die Tür öffnet sich und jemand kommt herein. Wer ist es?

Was besprechen Sie?

Es wird Zeit, zur Arbeit zu gehen.

Wie kommen Sie an Ihren Arbeitsplatz?

Zu Fuß? Mit dem Fahrrad? Mit dem Auto? Mit öffentlichen Verkehrsmitteln?

Sie kommen bei dem Gebäude an, in dem Sie arbeiten.

An der Eingangstür hängt ein Schild mit dem Namen des Unternehmens oder der Organisation, für das oder die Sie arbeiten. Was steht auf dem Schild?

Sie gehen in das Gebäude hinein und kommen zu Ihrem Büro. An der Tür Ihres Büros ist ein Schild mit Ihrem Namen und Ihrer Position. Was steht auf dem Schild?

Sie betreten den Raum. Schauen Sie sich an Ihrem Arbeitsplatz um. Welche Möbel stehen darin, welche Geräte? Wie ist die Atmosphäre in diesem Raum?

Sie setzen sich an Ihren Schreibtisch und stellen den Computer an.

Als Erstes lesen Sie Ihre Post. Welche Absender tragen die E-Mails?

Um welche Themen geht es?

In einer Mail werden Sie sehr gelobt. Wofür?

Das Telefon klingelt. Ihr Lieblingskunde, Ihre Lieblingskundin ist dran.

Wer ist es und worüber sprechen Sie?

Sie beenden das Telefonat.

Die Tür öffnet sich und eine Mitarbeiterin oder ein Mitarbeiter kommt herein.

Wer ist es und über welches Projekt sprechen Sie?

Der Arbeitstag neigt sich dem Ende zu. Sie werden abends abgeholt.

Wer holt Sie ab?

Sie wollen noch ausgehen, denn es gibt etwas Berufliches zu feiern. Wohin gehen Sie und was feiern Sie?

Es ist drei Jahre früher. Sie sitzen im Hier und Jetzt. Recken und strecken Sie sich, öffnen Sie die Augen. Und schreiben Sie jetzt auf, was Sie alles gesehen haben.«

Nach der Visionsreise bekommt die Klientin die Möglichkeit, erst einmal die Bilder, die sie im Kopfkino gesehen hat, niederzuschreiben, ohne dabei zu reden. Als Hilfe können Sie die Fragen noch einmal erwähnen oder Sie geben ihr eine Liste mit den Fragen, zu denen sie ihre Antworten aufschreiben kann.

Danach lassen Sie sich die Bilder schildern und fragen nach, was dies für die Klientin bedeutet. Was ist realisierbar? Was kann sie dafür tun?

Machen Sie Ihren Coaching-Klientinnen klar, dass es bei dieser Übung nicht um Hokuspokus geht, sondern um eine Entspannungsmethode, um auf Ideen zu kommen. Manche Menschen wollen nicht »in die Zukunft schauen« – tun sie auch nicht, nur in die eigene Vorstellung.

Bei manchen Menschen herrscht während der Visionsreise »grauer Nebel«, der alle Bilder verwischt oder verhindert. Sprich, sie sehen gar nichts. Dann ist das so. Dann gibt es vielleicht noch keine klaren Vorstellungen und noch kein Bild der Zukunft.

Zur technischen Umsetzung dieser Übung im Selbstcoaching

Sie können die Fragen vorher sehr langsam mit längeren Pausen auf Ihr Handy sprechen und sie abspielen, während Sie sich konzentrieren. Oder Sie bitten eine Person Ihres Vertrauens, Ihnen die Fragen langsam vorzulesen. Schreiben Sie nach der Visionsreise auf, was Sie gesehen und gefühlt haben. Welche Assoziationen haben Sie zu den Bildern? Wozu regen sie Sie an? Was können Sie tun, um diese Bilder Wirklichkeit werden zu lassen?

Der Coaching-Cocktail: Die Zutaten zum Erfolg

Was ist das Geheimnis für gutes Coaching? Nach 30 Jahren Erfahrung behaupte ich, das »eine« Geheimnis gibt es nicht. Aber ich habe eine Ahnung, nach welchem Rezept Coachings wirksam werden und Menschen tatsächlich weiterbringen können. Schauen wir uns mal an, wie man als Barkeeper einen schmackhaften Cocktail zubereitet:

1. Indem man am Anfang genau hinhört, was sich der Gast wünscht – süß oder sauer, stark oder mild, fruchtig oder hochprozentig?
2. Dann nimmt man qualitativ hochwertige Zutaten. Keine Billigprodukte, die Kopfschmerzen machen. Keine künstlichen Zusatzstoffe, die Qualität vortäuschen.
3. Das richtige Maß ist entscheidend. Eine schmackhafte Mischung entsteht durch die Kombination der Zutaten in den richtigen Mengen. Das sinnliche Zusammenspiel muss stimmen.
4. Alle Zutaten werden sorgfältig gemixt. Manches wird gerührt, manches geschüttelt. Wichtig ist auch die elegante Bearbeitung des Shakers.

Was heißt das jetzt für gelungene Coachings?

Ab ins Tauchbecken

Wollen wir jemanden verstehen, müssen wir seine Sprache lernen. Im LOKC-Coaching bedeutet das, sich auf das Leben und die Welt der Klientinnen einzustellen. Die Kunst ist es, wirklich in das Denken und Fühlen des Gegenübers einzutauchen. In Metaphern zu denken, die die Klientinnen bieten. Und diese zu nutzen, um Ideen zu generieren. Hier zwei Beispiele:

Jochen ist Unternehmer und besitzt 14 Bäckereifilialen. Er regt sich ständig furchtbar über Fehler in einzelnen Filialen, »unfähige« Mitarbeitende und mangelnde Kooperation auf. Er ist auf Anraten seiner Frau ins Coaching gekommen, die sich Sorgen um ihn macht. Sein Wunsch: Stress abbauen. Hier ein kurzer Ausschnitt aus unserer Anfangskommunikation:

»Jochen, Sie sind doch selbst gelernter Bäcker?«

»Ja.«

»Dann wissen Sie, was ein hervorragendes Brot ausmacht?«

»Ja, klar.«

»Was ist das Wichtigste, um ein solches Brot zu backen?«

»Man braucht das richtige Mehl, dann muss der Teig ausreichend ruhen, dann muss er gut geknetet werden und wieder ruhen. Diese Phasen entscheiden, ob das Brot köstlich und bekömmlich ist.«

»Wenn Sie jetzt an Ihre Filialen denken, haben Sie die richtigen Leute?«

»Ich denke, überwiegend ja.«

»Was fehlt, dass diese nicht in Ruhe ihre Arbeit machen können? Was bräuchten sie, um aufzugehen, also aufzublühen?«

Jochen grinst, er hat verstanden. Er greift das Bild auf und entwickelt Ideen.

Oder nehmen wir Claudia. Sie vergreift sich in Auseinandersetzungen mit Kollegen öfter im Ton, wie sie erzählt. Hinterher tut es ihr leid und sie muss sich entschuldigen. Sie wünscht sich einen gelasseneren Umgang in solchen Diskussionen.

Im Fragebogen habe ich gelesen, dass Claudia in der Freizeit regelmäßig Golf spielt. Ich frage vermeintlich naiv nach:

»Wenn Sie auf dem Golfplatz sind, haben Sie doch in Ihrem Golfbag verschiedene Schläger, oder?«

»Ja? 14.«

»Manche sind größer, zum Beispiel für einen weiten Abschlag, und andere kleiner, zum Beispiel fürs präzise Einlochen, oder?«

Claudia fängt an zu lachen. Sie weiß sofort, worauf ich hinauswill. »Sie meinen, ich bräuchte für Auseinandersetzungen mit den Kollegen auch verschiedene Schläger oder Maßnahmen oder was immer Sie meinen?«

»Wäre das denn hilfreich?«

»Auf jeden Fall.«

Claudia entwickelt im weiteren Coaching unterschiedlich starke Reaktionsvarianten und beschließt, sie ab sofort zu testen.

Die beste Vorbereitung für das Tauchbad ist Wissen über den Menschen, der uns gegenübersitzt. Und das bekommen wir über das Vorgespräch, den Fragebogen, die Starkstellenanalyse oder Eingangsfragen nach dem letzten Wochenende, nach Vorlieben und Vergnügen.

Und dann heißt es eintauchen: Alpenverein, Biken, Chinamöbel, Damespielen, Feuerwehr, Garten, Hunde, Irland, Joggen, Katzen, Lachen, Musik, Natur, Onlineschach, Polarreisen, Qigong, Rätsellösen, Strandlaufen, Tanzen, Uhrensammeln, Vogelkunde, Wasserratte, Zumba.

Coach sein, nicht darstellen

Präsent sein, aufmerksam sein. Sich ganz auf seine Klientinnen einlassen. Das sind die wichtigsten Ingredienzien fürs Coaching. Das bedeutet, sich gut aufs Coaching einzustellen, die wichtigsten Informationen zu haben und sich auf seine Klientin zu freuen. Ich empfehle Coaches, sich ein kleines Ritual zur Vorbereitung zu entwickeln. Also rechtzeitig und ohne Hektik den Coachingraum herzurichten. Oder die Technik für ein digitales Coaching zu checken.

Die Wasserkaraffe füllen, das Fenster öffnen, die Kugelschreiber testen, alle benötigten Utensilien griffbereit haben. Noch einmal in die Unterlagen schauen und bereit für Neues sein. Keine Fließbandcoachings machen. (Ich mache höchstens zwei Coachings an einem Tag, lieber ist mir nur eins.)

Von meinem Sohn und Lehrgangstrainer Semhar habe ich gelernt, mich mit einer kurzen Pause aufs Coaching einzustimmen: Ich mache eine entspannende Musik an, schließe die Augen und komme in fünf, sechs Minuten zur Ruhe. Ich lasse die Gedanken schweifen, folge meinem Atem, lasse los.

Dazu gehört für mich auch, überhebliche oder skeptische Gedanken, die vielleicht im Kopf sind, anzuschauen und abzuhaken: »Ui, mit dem wird es bestimmt schwierig … Abwarten, alles ist offen.« »Ah, bei der weiß ich schon, worauf es hinauslaufen wird … Abwarten, ich weiß gar nichts. Ich lasse mich überraschen.« Das hilft, neugierig zu bleiben.

Ballspielen

Wir empfehlen allen unseren Coaches, die wir ausbilden, sich vor dem Coaching keine »Choreografie« zurechtzulegen, nach dem Muster »Erst mach ich mit ihm das Motivationsraster, dann nehme ich das Alternativrad und dann werden wir mit dem Perspektivwechsel weitermachen«. Stattdessen empfehle ich, alle Tools, die sie mögen, in einem gedanklichen Köcher bereitzuhalten, und wenn ihnen einfällt, jetzt wäre ein Tool nützlich, ziehen sie es spontan heraus.

Ich vergleiche LOKC-Coachings mit einem Ballspiel. Zwei Personen, ein gut zu werfender und zu fangender Ball. Wir als Coach werfen der Klientin eine erste leichte Frage wie einen Ball zu: »Wie war Ihr Tag?« Oder: »Wie geht es Ihnen?«

Die Klientin wirft uns ihren Gedankenball zurück.

Wir fangen ihn auf. Werfen ihn in Form einer weitergehenden Frage zurück.

Sie wirft ihn wiederum mit ihrer Antwort zurück.

Wir hören vielleicht etwas Besonderes heraus, was uns aufmerken lässt, auch »Keyword« genannt. Benutzen eben diesen Begriff und werfen eine Frage damit als Ball zurück.

Die Antwort, die sie uns zurückwirft, bringt uns auf eine weitere Idee.

Und wir werfen ihr den Ball vielleicht verbunden mit einem Tool zu.

Sie fängt ihn entweder auf und wir arbeiten mit diesem Ball weiter.

Oder sie geht nicht darauf ein und wir fangen den Ball zu einem neuen Spielzug.

Das sinnliche Zusammenspiel fördert das Ergebnis.

Coaching auf Herzenshöhe

Der große Vorteil dieses Spiels ist es, dass Coach und Klientin immer in Verbindung bleiben. Wir verlieren uns als Coach nicht in unseren Überlegungen, versuchen nicht, unser Ziel zu erreichen, sondern stellen uns als Gesprächs- und Sparringpartner zur Verfügung. Coaching auf Augenhöhe, nennen einige diese wertschätzende Art zu coachen. Ich gehe noch einen Schritt weiter und verwende den Begriff »Coaching auf Herzenshöhe«. Darin ist die tiefe Überzeugung verankert, dass unsere Klientin mit ihren Stärken und ihren Erkenntnissen die für sie beste Lösung finden wird. Und er hindert den Coach, sich der Klientin überlegen zu fühlen, im Sinne von: »Ich weiß natürlich besser für sie, was sie braucht. Ich ahne schließlich bereits, welches Thema hinter dem Thema schlummert. Ich werde sie auf den rechten Weg bringen.« Nie vergessen: Was uns schmeckt, muss den Klientinnen nicht munden!

Warum lege ich solchen Wert darauf? Weil ich selbst vom Sternzeichen Besserwisser bin, Aszendent Klugscheißer. Ich musste erst praktisch verstehen lernen, dass andere Menschen einen anderen Energielevel haben als ich, andere Erwartungen ans Leben, einen anderen Humor besitzen als ich (und das war wirklich schwer).

Ich erwarte ja auch, dass der Barkeeper meinen Gin Tonic so mixt, wie ich ihn mag – wenig Gin, viel Tonic und keine Gurke (bäh), sondern viel Zitrone.

TOOL-KOFFER 5

Assoziationen

Hier stelle ich Ihnen die nächsten sieben Übungen vor, mit denen Sie im Coaching die Vorstellungskraft Ihrer Klientin nutzen und ihr helfen, Assoziationen zu finden. Der Schwerpunkt dieser Tools liegt auf

- Vergleichen
- Übersetzen
- Übertragen
- Verstehen
- Sehen

Tool 29: Energiebilanz
Akku auffüllen

Manchmal haben unsere Klientinnen das Gefühl, dass sie einfach nicht genügend Energie haben, um das großartige Leben zu führen, dass sie sich wünschen. Der Energiepegel eines Menschen ergibt sich aus Zufluss und Abfluss, Nehmen und Geben, aus Anspannung und Entspannung. Auf die Balance kommt es an.

Deshalb hier ein Tool, mit dessen Hilfe Sie eine Energiebilanz erstellen und die Klientin ihren Akku wieder auffüllen kann. Ich stelle mir dazu wirklich einen Akku, also eine Batterie vor. Es ist ein eindrucksvolles Bild, eine große runde Batterie zu zeichnen und den aktuellen Füllstand einzuzeichnen.

Wie hoch ist der Energiepegel: Liegt er bei 100 Prozent? Zwischen 50 und 90? Unter 50? Unter 30 Prozent? (Das hatte ich auch schon).

Dann lassen Sie die Klientin erst einmal ausführlich erzählen, wie sie es einschätzt, woher der aktuelle Energiepegel kommt. Die meisten Klientinnen können mit dem Bild des Akkus sehr viel anfangen und sprudeln los.

Im nächsten Schritt schauen Sie nach den Zu- und Abläufen der Energie. Also, was kommt oben dazu, welche Quellen speisen die Energie?

- Von welchen Menschen kommt Energie?
- Von welchen Tätigkeiten?
- Von welchen Hobbys?
- Von welchen Erlebnissen?
- Durch welche Situationen?
- Durch welche Gedanken?

Ich frage auch gern nach, von welchen Quellen vielleicht früher kraftvolle Energie sprudelte, die jetzt nicht (mehr) zur Verfügung stehen.

Schreiben Sie im nächsten Schritt auf, wohin die Energie abfließt:

- Zu welchen Menschen fließt Energie?
- In welche Tätigkeiten?
- In welche Pflichten?
- In welchen Situationen fließt Energie ab?
- In welches Leid?
- In welche Gedanken?

Jetzt haben Sie einen ziemlich guten Draufblick auf die Energiebilanz ihrer Klientin. Wenn der Akku nur zum Teil gefüllt ist, fragen Sie nach, was entscheidender für die Klientin ist – dass nicht genug zufließt oder dass zu viel abfließt?

Wenn nicht genug zufließt, kann die Klientin überlegen, wie sie das ändern könnte, welche Quellen, die versiegt scheinen, reaktiviert werden können. Sind es Freundinnen, die sie nicht mehr trifft? Ist es Sport, den sie aus Überlastung nicht mehr macht? Welches Vergnügen gönnt sie sich nicht mehr? Welche Menschen würden ihr guttun?

Wenn zu viel abfließt, kann sie draufschauen, wohin ihre Energie fließt. Ist es die Arbeit? Die Familie? Die Partnerschaft? Sind es zu viele Pflichten und Aufgaben? Ist sie mit etwas überfordert? Hat sie Sorgen? Krankheiten? Hat sie den Verlust einer geliebten Person zu verarbeiten?

Dann gilt es zu überlegen: Kann sie daran etwas verändern? Eine ungeliebte Arbeit kann viel Energie ziehen. Kann sie etwas verändern oder sich helfen lassen? Eine Familie zu versorgen, kostet Energie. Hat sie genügend Unterstützung? Der Verlust eines Menschen kann einem die Füße wegziehen. Und die Energie rauscht in den Keller. Wer kann ihr helfen, wieder Boden unter die Füße zu bekommen?

Wenn es in der Abflusszone ein Leck gibt, kann man oben so viel Energie nachschütten, wie man will, sie wird versickern.

Sie sehen schon, das Tool der Energiebilanz ist kein Werkzeug, um eine Maschine schnell wieder in Schwung zu bringen. Es ist vor allem eine Anregung und eine Einladung, dass Menschen mit jemandem über das reden können, was sie im Innersten bewegt. Und zwar mit jemandem, der selbst »keine Karten im Spiel hat«, der mit Empathie und professioneller Distanz zuhört, versteht und Ideen zu Lösungen entwickeln kann.

Tool 30: Mindset-Tempomat

Fuß vom Gas

Wie oft sagen Menschen, wenn sie im Coaching ihre Stärken aufzählen sollen, zum Abschluss so etwas wie: »Auf der anderen Seite bin ich viel zu impulsiv.« Oder: »Meine große Hilfsbereitschaft ist hinderlich …« oder »Eigentlich bin ich stinkfaul …« oder »Ach, ich bin so überkritisch …«. Mit dieser Selbstabwertung trüben sie das positive Selbstbild. Wie kann man Klientinnen im Coaching eine positivere Selbsteinschätzung nahebringen?

Ob eine Eigenschaft zu stark ist, ob sie nützt oder schadet, vergleicht der amerikanische Professor Robert Biswas-Diener mit dem Gasgeben beim Auto. Das Gaspedal nicht zu bedienen, bringt uns nicht voran – zu viel Gas kann uns ins Schleudern bringen. Deshalb empfiehlt der Experte für Positive Psychologie, mit dem Gaspedal zu spielen, um die Eigenschaft zu nutzen, ohne sich selbst zu schaden.

Nehmen wir das erste Beispiel: »Viel zu impulsiv«. Null Antrieb würde lähmende Starre bedeuten. Viel zu impulsiv kann uns in gefährliche Situationen bringen. Wieder empfiehlt sich, das Gaspedal nicht zu weit durchzutreten. Also statt viel zu impulsiv zu sein, die Gabe der Entscheidungs- und Handlungsfähigkeit klug zu nutzen.

Zweiter Fall: »Die übertriebene Hilfsbereitschaft« kann dazu führen, dass wir »Everybody's Depp« werden. Anderen Hilfe zu versagen, ist unsozial. Den guten Mittelwert zu finden, dafür braucht es Fußspitzengefühl. Sodass wir unseren Idealen folgen, dabei aber nicht ausbrennen.

Drittes Beispiel: »Stinkfaul« kann uns wirklich schaden, weil wir Wichtiges unterlassen. Aber die Fähigkeit, sich das Leben leichter zu machen, ist eine wunderbare Eigenschaft, die Erholung und

Gelassenheit bringen kann. Also, runter vom Gas und die gute Balance finden.

Vierte Formulierung: »Ich bin so furchtbar kritisch« gerät zur Selbstanklage, mit etwas weniger PS wird daraus: »Ich schaue genau hin und bilde mir meine Meinung.«

Es kommt also auf die Schubkraft an. Oder wie eine Weisheit sagt: »Die Masse macht das Gift.«

Tool 31: Drei-Fragen-Klärung

Kurz und bündig

Dies ist eines der schnellsten und einfachsten Tools, die wir im Lösungsorientierten Kurzeit-Coaching einsetzen. Es setzt darauf, dass die meisten Coaching-Klientinnen die Lösung eigentlich schon mitbringen. Deshalb ist es eine Qualität des Coachings, den Klientinnen den Raum zum Nachdenken und die Zeit zum Innehalten zu bieten. Und um Zeit und Raum kreativ zu nutzen, hilfreiche Fragen zu stellen.

Dieses Tool schafft die Grundlagen für ein gelungenes Coaching-Gespräch. Als Coach bitten Sie Ihre Klientin, auf einem DIN-A4-Papier drei Fragen untereinander zu notieren. Dazwischen sollte Platz für die Antworten sein.

1. Frage: Wo stehe ich?

Die Klientin notiert hier ihren Ist-Stand. In welcher Situation befindet sie sich? Wegen welchen Themas (Schmerz oder Ziel) hat sie dieses Coaching gebucht? Was bedrückt sie? Was hemmt sie?

2. Frage: Wohin möchte ich?
Die Klientin notiert hier: Welche Veränderung wünscht sie sich? Was soll anders werden? Wie soll es sein? Was ist Ihre Idealvorstellung des künftigen Zustands?

3. Frage: Was wird mir dabei helfen?
Die Klientin notiert hier die Ideen, die sie dazu schon im Kopf hat: Was wird sie vom Ist-Stand in die Ziel-Situation bringen? Was kann sie selbst dafür tun? Wer kann ihr dabei helfen? Was braucht sie noch dazu?

Anschließend trägt die Klientin dem Coach ihre Überlegungen vor. Ein wunderbarer Einstieg in das weitere Coaching-Gespräch. Und oft sogar schon die logische Gliederung des weiteren Vorgehens.

Übrigens: Für mich das Top-Tool fürs Selbstcoaching. Wir sind schlau für uns selbst, wenn wir es uns zutrauen!

Tool 32: Glückskurve
Lebensfreude steigern

Dieses Coach-Tool hilft, Licht in die latente Unzufriedenheit von Menschen zu bringen. Man erkennt diese Unzufriedenheit meist daran, dass diese Menschen überlegen, ob

- sie den Job wechseln sollten,
- sie die Partnerschaft beenden sollten,

- sie in eine andere Stadt umziehen sollten,
- sie noch einmal ganz neu anfangen sollten,
- sie eine Auszeit bräuchten,
- das schon alles gewesen sein soll.

Da ist es interessant zu wissen, wann diese Menschen richtig glücklich und zufrieden gewesen sind! Wann sie das Gefühl hatten, am richtigen Platz, am richtigen Ort, mit den richtigen Menschen zusammen zu sein. Wann sie Sinn in ihrer Lebenssituation gesehen und Freude am Tun erlebt haben.

Ein hilfreiches Tool dafür ist die »Glückskurve«. Vor einigen Jahren bin ich über eine Kollegin mit Biografiearbeit in Kontakt gekommen, also mit der gezielten Erinnerung an das zurückliegende Leben. Daraus habe ich diesen Glückskurven-Impuls fürs Coaching übernommen, der wunderbar geeignet ist, Erkenntnisse aus dem gelebten Leben für weitere Entscheidungen zu ziehen.

Wie funktioniert das? Jemand, der Aufschlüsse für seine weitere Lebensplanung erhalten möchte, zeichnet sich ein X-Y-Diagramm (siehe Abbildung).

Auf der waagerechten Linie zeichnet er Stationen seines Lebens ein, an die er sich erinnert, also zum Beispiel Einschulung, Konfirmation/Kommunion/Jugendweihe, Wechsel in höhere Schule, Schulabschluss, Ausbildung/Studium, Reisen oder Au-pair-Zeit, Auslandsaufenthalte, erster Job, Stellenwechsel, Auf- oder Abstiege, Arbeitslosigkeit, Umzüge, Eheschließungen oder Zusammenziehen, Geburten oder berufliche Auszeiten für Kinder, Schicksalsschläge wie der Verlust von Angehörigen usw. Immer mit dem Jahr verbunden, in dem die Ereignisse stattgefunden haben.

Auf der senkrechten Linie sind zur Identifizierung des Glückszustandes in dieser Zeit zehn Punkte eingetragen: 1 bis 3 Punkte heißt gar nicht oder wenig glücklich. 4 bis 7 Punkte bedeuten mittelglücklich. 8 bis 10 Punkte sagen aus, dass es sich um eine glückliche oder sehr glückliche Zeit gehandelt hat.

Für die Arbeit mit der Glückskurve bedeutet das, dass Sie erst die verschiedenen Stationen Ihres Lebens eintragen, je mehr, umso besser, und diesen dann darüber ein Kreuz auf der Höhe der damaligen Glücksempfindung zuordnen. Diese Kreuze verbinden Sie zum Abschluss mit einer Linie. Dadurch entsteht eine mehr oder weniger gezackte Glückskurve.

Dann überlegen Sie:

1. Was haben meine Stationen mit hohem Glücksfaktor gemeinsam?
2. Welche Schlussfolgerungen ziehe ich daraus?

Hier ein Beispiel für eine solche Glücksarbeit:

Natascha, 36, ist ins Coaching gekommen, weil sie unzufrieden mit ihrem derzeitigen Arbeitsplatz ist. »Eigentlich« läuft alles ganz gut, aber sie empfindet keine Begeisterung und wenig Motivation, dabeizubleiben.

Wir füllen ihre Glückskurve aus, die einen Durchschnitt von etwa fünf Punkten hat, sie endet in der Gegenwart allerdings nur bei 3. Vier herausragende 10-Punkte-Gipfel fallen dabei auf: Naschas Auszug aus dem Elternhaus mit 19; ein Jahr im Rahmen des Studiums in Amerika; ihre Hochzeit und der Wechsel in den jetzigen Job. Als sie die Gemeinsamkeiten dieser Punkte überlegt, bitte ich sie, eine Erkenntnis daraus zu formulieren.

Natascha: »Ich bin aus meinem sehr strengen Elternhaus geflohen, so würde ich das heute sagen, und habe in einer Großstadt angefangen zu studieren. Das war toll. Im Rahmen eines Austauschprogramms bin ich als Chemie-Studentin für ein Jahr nach Amerika gegangen. Das war unbeschreiblich. Nie habe ich mich freier gefühlt.

Und die Hochzeit mit meinem Mann war schön. Ich war sehr glücklich, obwohl meine Eltern dagegen waren. Für mich war es die Erfüllung und das ist unsere Ehe heute noch. Das vierte Kreuz steht für meinen Anfang in der Firma, in der ich jetzt noch bin. Mein Chef hat mir damals sehr viel versprochen. Ich sollte große Freiheit in meiner Arbeit bekommen, er hat mir sehr verlockende Perspektiven aufgezeigt.«

»Wie würden Sie diese Glückserlebnisse zusammenfassen?«

»Also das waren alles Momente großer Freiheit, ja, man könnte fast sagen, Abenteuer. Momente mit guten Perspektiven und mit viel Hoffnung.«

»Und was ist jetzt anders?«

»Tja, aus den Versprechungen meines Chefs ist nicht viel geworden. Ich muss sehr viele Routinearbeiten machen, die mich langweilen.«

»Welche Schlussfolgerungen ziehen Sie daraus?«

»Ich brauche wieder mehr Herausforderungen, ja, ich brauche spannende Perspektiven.«

Mithilfe des Alternativrads (Tool 1) haben wir dann verschiedene Möglichkeiten für Natascha aufgelistet und diskutiert, um wieder mehr Abenteuer in ihr Leben zu bringen.

Jetzt verstehen Sie vielleicht einmal mehr, warum ich gern mit Coaching-Tools arbeite. Diese Übungen, Spiele, Werkzeuge helfen in der Regel, sehr viel schneller auf wichtige Erkenntnisse zu kommen, als es durch das reine Reden und Zuhören möglich wäre.

Ermutigen Sie Ihre Coachee, möglichst viele einzelne Etappen auf der Lebenslinie einzutragen. Manche Menschen haben wichtige Ereignisse regelrecht »vergessen«. Oder sie werden erst in der Summe bedeutsam. Es gibt Menschen mit flacheren und mit steileren Glückskurven. Das liegt manchmal an der unterschiedlichen Begeisterungsfähigkeit von Menschen. Auch hier hilft eine größere Fülle von Daten.

Tool 33: Lebenswunsch-Liste
Rein ins Tun

Klassische Situation in Coaching-Gesprächen: Menschen klagen darüber, dass sie zu wenig Freude im Leben haben. Oder zu wenig Zeit. Oder zu viel Stress. Mit dem Coaching-Tool der Lebenswunschliste lassen sich Menschen innerhalb von wenigen Minuten aus dem »Eigentlichland« herausführen und in die Stadt »Tun« geleiten.

Kennen Sie das Eigentlichland? Darin sagen die Einwohner ständig »Eigentlich würde ich ja gern …« oder »Eigentlich sollte ich ja …«. Aber sie tun es nicht, weil nach jedem »Eigentlich« ein »Aber« folgt, also ein Grund, warum es leider nicht geht.

Mithilfe dieses Lebenswunsch-Tools können Sie Menschen helfen, die das gemütliche, aber langweilige Eigentlichland verlassen wollen. Oder Sie nutzen diese kleine Übung für sich selbst, wenn Sie dieses Ortes überdrüssig geworden sind und nach einem Weg hinaus suchen – in Richtung der schönen Stadt »Tun«. Dort machen die Menschen, was sie möchten. Sie haben sich aus dem »Eigentlich« befreit und entscheiden sich: »Ja, ich tu's« oder »Nein, ich tu's nicht«.

Sie brauchen dafür nur ein Blatt Papier und einen Stift. Teilen Sie das Blatt in zwei Hälften auf. Schreiben Sie über die eine Hälfte »Wovon will ich mehr im Leben?« und über die andere »Wovon möchte ich weniger im Leben?«. Und jetzt notieren Sie unter diesen beiden Fragen alles, was Ihnen dazu einfällt.

Danach schauen Sie sich die Punkte auf Ihrer Liste genau an und kreuzen jeden Wunsch an, für den Sie selbst etwas tun können.

Ein Beispiel aus meiner Coaching-Praxis: Lisa, 44, ist als einzige Frau Mitglied des Vorstands eines mittelständischen Unternehmens, sie fühlt sich gestresst und ausgelaugt. Sie schreibt unter die erste Überschrift »Wovon will ich mehr im Leben?«:

- mehr Zeit für meine Familie
- meine Freundin treffen
- Sport machen
- Sauna
- Tanzen gehen

Unter der Überschrift »Wovon möchte ich weniger im Leben?« macht Lisa einfach einen Strich. Dazu fällt ihr nichts ein.

Ich bitte sie, auf der ersten Liste jeden Wunsch anzukreuzen, für den sie selbst etwas tun könnte. Sie grinst sofort und macht neben jeden Wunsch ein Kreuz. »Ja, ich weiß schon, Sie haben ja recht.«

»Warum haben Sie es bis jetzt nicht gemacht?«

»Keine Zeit.«

»Was muss sich ändern, damit Sie mehr Zeit für Ihre Familie, Ihre Freunde und Ihre Hobbys bekommen?«

Sie schnauft. »So einfach ist das nicht.«

»Glaube ich gern. Was fällt Ihnen ein, wenn Sie darüber nachdenken?«

Lisa zögerlich: »Ich müsste früher nach Hause gehen. Im Augenblick komme ich nicht vor 20 Uhr aus dem Büro.«

»Ginge das, früher zu gehen?«

»Na ja, ab und zu schon.«

»Wann wäre das?«

»Na ja, schön wäre es, wenn ich dann um 18 Uhr gehen könnte.«

»Und was würde in Ihrem Unternehmen passieren, wenn Sie zweimal in der Woche früher heimgehen würden?«

»Passieren würde gar nichts, ich müsste halt die Arbeit an den anderen Tagen erledigen.«

»Schaffen es Vorstandskollegen von Ihnen, um diese Zeit zu gehen?«

»Ja, die meisten gehen jeden Tag um sechs.«

»Warum Sie nicht?«

Lisa lacht. »Vielleicht nehme ich alles zu genau?«

»Können Sie das ändern?«

»Ich könnte vielleicht mehr an meine Mitarbeiter delegieren.«

»Wollen Sie das ausprobieren?«

»Ja.«

»Können Sie sich eine Liste machen, was Sie an welchen Mitarbeiter delegieren können?«

»Ja, das kann ich sehr schnell machen.«

»Okay. An welchen Wochentagen können Sie am besten um 18 Uhr gehen?«

»Mittwoch und Freitag.«

»Wann werden Sie das zum ersten Mal ausprobieren?«

»Jetzt am Freitag. Nein, das geht nicht, da bin ich auf Geschäftsreise. Also Freitag nächster Woche.«

»Wofür werden Sie die beiden freien Stunden nutzen?«

»Ich werde mit meiner Freundin in die Sauna gehen, mein Mann mag das sowieso nicht so gern.«

Damit war diese Coaching-Stunde beendet. Wir einigten uns, dass Lisa erst einmal ausprobiert, dieses Ziel zu erreichen, und dann bei Bedarf noch einmal einen Termin macht, zum Beispiel, wenn sie die Umsetzung nicht hinbekommt. Es war kein zweiter Termin nötig.

Als ich noch als Journalistin gearbeitet habe, hatte ich mal eine sehr witzige Kollegin, Renate aus Minden. Die sagte sich immer, wenn sie vor einem schwierigen Artikel saß: »Eigentlich ist es ja nur ein Beigehen!« Ja, so ist es. Es geht oft wirklich nur darum, sich daranzumachen. Es sind nicht die Riesenbarrieren, die uns davon abhalten. Manchmal kommen wir vor lauter Arbeit nicht auf die Idee, manchmal wissen wir nicht, wie. Und manchmal brauchen wir von jemandem quasi die Erlaubnis, es zu tun. In meinem Fall den Asgodom-Stempel »Just do it«.

Wenn Sie selbst auf Ihre »Wovon will ich mehr im Leben?«-Liste gucken:

- Wo steht ein Kreuzchen davor?
- Warum haben Sie selbst noch nicht dafür gesorgt?
- Was muss sich ändern, damit Sie es tun können?
- Wie können Sie mit kleinen, schnellen Entscheidungen Ihre Lebensfreude erhöhen?

Gerade bei dieser Übung zeigt es sich, dass die meisten Coaching-Klientinnen die Lösung schon mitbringen. »Eigentlich« wissen sie ganz gut, was sie ändern wollten und wie es ginge. Aber sie trauen sich nicht oder sie brauchen die Meinung eines Außenstehenden dazu. Als Coach unterstützen Sie Ihre Klientinnen dann, eine Strategie für die Umsetzung zu entwickeln.

Bitte hüten Sie sich vor dem Gedanken »Na, so einfach kann es ja nicht sein!« Was glauben Sie, wie oft ich das von Skeptikern höre (nicht von meinen Klientinnen). Doch, manchmal ist es wirklich so einfach! Wichtig ist immer hinzuschauen: Warum mache ich es nicht, wenn ich es doch gern würde? Was hindert mich? Mein eigenes Kopfkino mit dem Film »Das macht man nicht« oder was sonst?

Die Angst vor Veränderungen wird meistens schon dadurch kleiner, dass man einmal etwas zeitweise ausprobiert. Also nicht rabiat beschließt: »Ab sofort werde ich immer früher heimgehen.« Sondern: »Ich probiere es jetzt einmal aus.« Und wenn es gut und problemlos läuft, können weitere Schritte folgen.

Tool 34: Bad Friend

Von Unsympathen lernen

Dieses Tool habe ich von Semhar gelernt. Er ist langjähriger Coach und Ausbilder für unser Lösungsorientiertes Kurzzeit-Coaching (LOKC). Er arbeitet viel mit Fotos. Und er hat dieses Spiel entwickelt, dass er »Bad Friend« nennt. Böser Name, wunderbares Tool.

Ich plädiere ja im Madonna-Tool dafür, dass wir uns von anderen tollen Menschen abschauen, wie sie entscheiden, wie sie handeln, was sie machen. In diesem Fall geht es genau andersherum.

Was Sie dazu im Coaching brauchen? Viele Fotos von Menschen, entweder aus Zeitschriften ausgeschnitten oder im Internet gesammelt, die eine starke, aber nicht unbedingt sympathische Ausstrahlung haben – Männer, Frauen, Kinder, aus allen Erdteilen, alle Altersstufen. (Oder Sie nutzen Karten aus dem Spiel »Faces« von Points of You).

Wenn Sie eine Klientin im Coaching haben, die für eine gewünschte Veränderung Rückenstärkung braucht, überraschen Sie sie doch mal mit diesen ziemlich schlimmsten Freunden:

»Suchen Sie sich aus diesen Fotos einen Menschen aus, den Sie überhaupt nicht mögen. Der Ihnen auf den ersten Blick unsympathisch ist und so ganz anders als alle in Ihrem Freundeskreis. Also jemanden, den Sie nie zu einer Party einladen würden. Natürlich wissen wir gar nichts über diesen Menschen. Lassen Sie sich ruhig von Ihrem ersten Eindruck leiten. Es ist nur ein Spiel.«

Jetzt lassen Sie sich von Ihrer Klientin erzählen:

- Warum findet sie diesen Menschen unsympathisch?
- Was stört sie an der Körperhaltung?
- An seinem Aussehen, am Gesichtsausdruck?
- Was glaubt sie, wie dieser Mensch ist?
- Was er von sich selbst denkt?
- An welche Person in ihrem Umfeld erinnert das Foto sie?

Ein Beispiel: Marita, 53, kommt mit dem Wunsch ins Coaching, dass sie sich nicht mehr allein um ihre Eltern kümmern will. Ihre drei Schwestern verweisen immer auf sie, wenn etwas ist: »Das macht Marita schon.« Sie fühlt sich von den anderen im Stich gelassen und auch ein Stück ausgenutzt. »Na, klar habe ich mich jetzt lange gekümmert. Aber zwei meiner Schwestern sind schon in Rente, die könnten doch auch mal mehr tun.«

In der Realität schafft sie es meist nicht, sich zu wehren und die anderen in die Pflicht zu nehmen.

Sie sucht sich unter vielen Fotos das einer krassen Frau aus, mit einem verächtlichen Gesichtsausdruck, die Finger abgespreizt, ablehnend, ich-zentriert.

Marita reagiert hochemotional ablehnend, ihr Gesicht verzieht sich angewidert. Sie beschreibt die Person auf dem Foto: »Ich finde die fürchterlich. Die ist so exaltiert. Nur sie zählt. Die ist total egozentrisch. Die stellt sich immer in den Mittelpunkt. Alles muss sich um sie drehen. Ich, ich, ich. Die erinnert mich sogar ein bisschen an meine älteste Schwester. Die denkt auch nur an sich. Bah, nie würde ich so sein wollen!«

Ich höre als Coach ruhig zu, frage ein bisschen nach, wie was gemeint ist. Und dann stelle ich eine Frage:

»Was könnten Sie von dieser Person lernen?«

Spontaner Aufschrei: »Von der – gar nix!«

Ich frage sanft nach: »Sie sagen, die denkt nur an sich. Die stellt sich in den Mittelpunkt. Die ist egoistisch.«

Pause.

Marita denkt lange konzentriert nach, immer mit dem Blick auf das Foto.

Und sagt dann langsam: »So wie die möchte ich nie werden. Aber vielleicht sollte ich mich auch öfter in den Mittelpunkt stellen und nicht immer nur allen dienen. Ein kleines bisschen egoistischer werden. Da würden sich meine Schwestern wundern, wenn ich einfach mal Nein sage, mache ich nicht. Jetzt müsst ihr euch mal kümmern und was organisieren.«

Marita lächelt leicht. »Ja, das gefällt mir.«

Den Rest des Coachings besprechen wir eine Strategie, wie Marita Pflichten auf ihre Schwestern übertragen und einen Teil der Verantwortung abgeben kann.

Noch ein Hinweis zu Fotos: Wir arbeiten im LOKC-Coaching sehr gern mit Bildern. Nach unserer Erfahrung lösen Fotos sofort eine körperliche Reaktion in den Klientinnen aus und wecken Emotionen, die manche Menschen sonst schwer benennen können. Die Wissenschaftlerin Jasmin Messerschmidt hat eine empirische Studie zum Einsatz von Bildmaterial im Einzelcoaching durchgeführt. Ihr Fazit: »Durch den Einsatz von Bildern wird eine Kommunikation mit dem Unbewussten ermöglicht. Dieses Vorgehen gewährleistet, dass das angestrebte Ziel vom gesamten psychischen System getragen wird. Im Coaching geht es um die gesamte Person des Klienten, um seine Wahrnehmungen, seine Interpretationen, Einstellungen, Verhaltens- und Handlungsweisen, seine Weltbilder, Wünsche und Hoffnungen, die in reflexiven Prozessen erfasst, analysiert, gedeutet, hinterfragt und gegebenenfalls in eine neue Richtung gelenkt werden.«*

---

* Jasmin Messerschmidt: Das Selbst im Bild. Eine empirische Studie zum Einsatz von Bildmaterialien zur Förderung von Selbstreflexions- und Selbstveränderungsprozessen im Einzelcoaching. Peter Lang 2015.

Tool 35: Job-Check

Passt die Arbeit noch?

Viele Faktoren spielen eine Rolle, ob wir uns in der Arbeit wohlfühlen: die Vorgesetzten, die Kolleginnen, die Kundinnen, die Arbeitszeit, das Büro, unsere Aufgaben, die Herausforderungen. Und oft gleicht das eine Gute das andere nicht so Optimale aus.

Wenn nicht, spüren Mitarbeiterinnen schon auf dem Weg in die Firma die Schwere des kommenden Tages. Und auf dem Weg nach Hause sind sie nicht nur müde, sondern ausgelaugt. Mit solchen Beschreibungen kommen viele ins Coaching.

So wie Bernhard, 38 Jahre. Er arbeitet seit elf Jahren als Architekt bei einem Bauträger in Frankfurt. Es fällt ihm zunehmend schwer, morgens aufzustehen und aus dem kleinen Ort im Taunus, in dem er mit Frau und zwei Söhnen lebt, in die Firma zu fahren. Große Bauprojekte gibt es seit Längerem nicht mehr, er arbeitet vor allem an Umbauten und Sanierungsfällen. Die Fähigkeiten, die ihn einst zu einem begeisterten Architekten gemacht haben, werden gar nicht mehr benötigt. Und der Ton im Unternehmen ist seit einem Verkauf rauer geworden. Bernhard erkennt im Coaching: Er verdient zwar gut. Aber der Job wird ihn nicht mehr glücklich machen. Er kann seine kreativen Talente als Architekt nicht mehr einbringen. Die Arbeit langweilt ihn. Die Stimmung in der Abteilung ist schlecht, die Kollegen sind gereizt. Eigentlich möchte er ganz etwas anderes machen. Aber was? Welche Stärken möchte er einbringen? Was würde ihn begeistern? Worauf legt er Wert?

Nach langem Hin-und-Her-Überlegen sehe ich plötzlich eine Veränderung in seinem Gesichtsausdruck, seine Augen strahlen, sein Körper strafft sich, er sitzt plötzlich ganz aufrecht. »Woran denken Sie gerade?«, frage ich. Bernhard antwortet: »Eigentlich möchte ich gern mit meinen Händen arbeiten, etwas anfassen, etwas erschaffen. Am liebsten würde ich als Tischler arbeiten.«

Ui, das kommt überraschend. »Ist Ihnen das gerade eingefallen?«

Es stellt sich heraus: Schon als kleiner Junge hat er begeistert in der Werkstatt seines Großvaters mitgeholfen, der eine Tischlerei besaß. Daran erinnert er sich in letzter Zeit öfter und die Sehnsucht entstand, so arbeiten zu können. »Gibt es die Werkstatt noch?«, frage ich ihn. Nein, leider nicht. »Wie können Sie diese Idee dann umsetzen?« frage ich.

Bernhard muss gar nicht nachdenken: »Ein Schulfreund von mir hat eine kleine, feine Tischlerei im Nachbarort. Für den würde ich gern arbeiten. Der macht total kreative Möbel.« Er schaut träumerisch aus dem Fenster und nickt. »Ja, das wär's. Vielleicht kann ich meine Arbeitszeit in der Firma verkürzen, so viel ist eh nicht mehr zu tun. Und dann ein, zwei Tage in seiner Tischlerei arbeiten.« Bernhard ist zufrieden. So kann er sich sein Leben vorstellen.

»Was sind jetzt ihre ersten Schritte?«, frage ich zum Schluss.

»Mit meinem Freund reden. Und natürlich mit meiner Frau. Und dann mit meinem Vorgesetzten, ob eine Stundenreduzierung möglich ist.«

Hier zusammengefasst einige Fragen, die Sie Coaching-Klientinnen stellen können, wenn diese bezweifeln, dass sie noch im richtigen Job sind:

- Was sind Ihre fünf größten beruflichen Stärken?
- Können Sie Ihre Stärken in Ihrem jetzigen Job einbringen?

- Wobei vergessen Sie die Zeit, kommen in den sogenannten Flow?
- Wie oft passiert das in der Arbeit? Und wobei?
- Was sind Ihre Gedanken auf dem Weg zur Arbeit?
- Auf welche Tätigkeit freuen Sie sich in Ihrer Firma,
- auf welche Kolleginnen,
- auf welche Vorgesetzten,
- auf welche Kunden?
- Bekommen Sie ein »angemessenes Gehalt«?
- Wollen Sie mehr verdienen?
- Was sind Ihre Gedanken auf dem Weg nach Hause?
- Sind Sie müde oder ausgelaugt?
- Erinnern Sie sich vor allem an Dinge, die nicht gut gelaufen sind, oder an kleine Erfolge?
- Wie ist Ihr Grundgefühl, wenn Sie an Ihre Arbeit denken – fröhlich oder betrübt?
- Was wollen Sie verändern?

Die Antworten auf diese Fragen und die ganz persönlichen Schlussfolgerungen ihrer Klientinnen können den Hinweis geben: Gehen? Etwas im Job verändern? Oder bleiben und zufrieden sein?

Coaching als Führungsinstrument: Mut zur Menschlichkeit

Können Führungskräfte Coaches sein? Diese Frage wird seit Jahren diskutiert. Ich habe darauf drei Antworten.

1. Klar können sie das. Ich habe viele selbst ausgebildet. Und sie sind tolle Coaches geworden, nachdem sie sich selbstständig gemacht haben.
2. Für die eigenen Mitarbeiterinnen: Nein. Sie bleiben immer in der Chefinnen-Position, haben keinen neutralen Blick auf die Situation, sie geben Aufträge und erwarten Ergebnisse.
3. Sie werden aber durch das Coachingwissen bessere Führungskräfte. Und ihre Mitarbeiterinnen profitieren davon, dass die Chefin sich zum Beispiel auf Stärken konzentriert, an die Kompetenz ihrer Mitarbeiterinnen glaubt und gut Fragen stellen kann.

Ich möchte deshalb Führungskräften, die gern Coaching-Impulse in der Arbeit mit Mitarbeiterinnen oder Kolleginnen einsetzen wollen, ein eigenes Kapitel widmen. Führungskräfte haben die Aufgabe, Menschen zu Leistung zu führen. Menschen – also nicht Planstelleninhaberinnen, Kostenstellenbesetzerinnen, Personalkosten-in-die-Höhe-Schrauberinnen. Sondern Menschen aus Fleisch und Blut.

Das Gebot der Stunde heißt: Coaching als Führungsmethode. Kommen aus dieser Ecke die Tools zur Menschenführung, die endlich greifen? Ja, denn Coaching heißt: für sich selbst Klarheit schaffen, die Ziele klären und einen Plan für das Erreichen der Ziele aufstellen. Mit einem derart durch ein Coaching geklärten

Blick erreichen Führungskräfte Selbstsicherheit, strahlen sie aus und gewinnen Autorität.

Ja, aber auch, weil mithilfe menschenorientierten Coachings Mitarbeiterinnen Raum geschaffen wird für gute Leistungen, Sicherheit gegeben wird für Selbstverantwortung und Klarheit für persönliche und unternehmerische Ziele.

Sehr dezidiert hat es Dr. Richard Farson, studierter Psychologe und 30 Jahre lang CEO von US-amerikanischen Unternehmen und Organisationen, ausgedrückt: »Die Mitarbeiter sind klug. Sie durchschauen alle deine Managementmethoden. Deshalb zählst du und wirkst nicht durch Techniken, Tricks oder Methoden, sondern letztlich als Mensch.«

Ich glaube in der Tat daran, dass wir alle, Sie und ich und Ihre und meine Mitarbeiterinnen, alles wissen, was für Leistung und Erfolg notwendig ist. Das ist menschenorientiertes Coaching. Und dafür möchte ich Führungskräfte begeistern. Damit sind wir mitten im Thema. Die meisten Menschen, die ins Coaching kommen, »wissen irgendwie«, was sie bräuchten, um etwas zu verändern, anzupacken oder zu lassen. Aber sie kommen trotzdem nicht weiter. Was fehlt? Was erhoffen sie sich und was bekommen sie im Coaching?

Sie bekommen den »Missing Link«: die ihnen noch fehlende Verbindung zwischen ihren Wünschen und ihrem Handeln. Und was ist das? Es ist nicht nur Know-how, es sind keine Ratschläge, es ist – Mut. Der fehlende Mut ist es, der Menschen meist davon abhält, die Dinge anzupacken, die sie »eigentlich« immer schon gewusst haben. Und der fehlende Mut ist es, der ihnen Erfolgsfantasie und Tatkraft raubt.

Das müssen Führungskräfte wissen: Die meisten Ihrer Mitarbeiterinnen »wissen irgendwie«, was sie bräuchten, um etwas zu verändern, anzupacken oder zu lassen. Selten müssen Sie als Führungskraft einer Mitarbeiterin oder einem Mitarbeiter die Notwendigkeit von Dingen erklären, auch nicht die einzelnen Handlungsabläufe. Aber Sie können hilfreich diesen »Missing Link« verstärken: »Was fehlt, damit Sie die Sache anpacken?« »Lassen Sie uns besprechen, in welchen Schritten Sie das Projekt angehen.«

An einer Stelle erkennt man besonders gut, wie sich in Zukunft die Anforderungen an Führungskräfte in Richtung Coaching entwickeln: im Kritik- und Konfliktgespräch mit Mitarbeiterinnen. Von der althergebrachten Formulierung »Warum ist das passiert?« geht es längst zur Coaching-Frage: »Wie ist es dazu gekommen?«

Ein Beispiel: Elisabeth, Gruppenleiterin, muss mit einem Mitarbeiter über seine gesunkenen Leistungen sprechen. Sie nimmt sich Zeit, ist bereit zum Zuhören und Lernen, verkneift sich erst einmal jede Bewertung und schnelle Schlüsse. Statt »Warum ist das Ergebnis im letzten Quartal so schlecht?« nutzt sie die Frage, um wirklich wichtige Informationen zu bekommen: »Wie kommt es, dass Sie im vorletzten Quartal so hervorragende Zahlen erreicht haben und im letzten Quartal das Ergebnis so eingebrochen ist? Was meinen Sie selbst, woran das lag?« Das heißt: kein Vorwurf, keine Vorverurteilung, keine Bestrafung. Sondern: Suche nach Gründen, Suche nach Verbesserungen, Suche nach Konzepten.

Dem Mitarbeiter, Herbert, ist das Gespräch trotzdem sichtlich unangenehm. Er rutscht auf seinem Stuhl hin und her. »Äh, Sie wissen doch, wie es in den letzten Monaten bei uns zugegangen ist. Wann hätte ich denn da die Kunden besuchen sollen?« Wie fast alle Menschen nimmt er Kritik als Angriff auf, das ist normal. Und reagiert mit einem Gegenangriff, nach dem Motto: »Ich bin nicht schuld!«

Elisabeth nimmt den Ball klugerweise nicht auf, sonst verlieren sich beide in Rechtfertigungen. Es geht nicht um die Schuldfrage, sondern um Lösungen. Sie lächelt ihn an: »Erzählen Sie doch erst mal, wie Sie es in dieser schwierigen Zeit überhaupt geschafft haben, sich Freiraum für Kundenbesuche zu verschaffen.«

Herbert kommt ins Reden. Und indem er erzählt, was funktioniert, zeigt er auf, was sich in Zukunft ändern muss, um die gesteckten Ziele wieder zu erreichen. Indem er redet, wird ihm klar, was er (wieder) verstärkt tun muss. Aus dem Rechtfertigen kommt er ins Reden übers kluge Handeln.

Elisabeth macht sich, während er spricht, Notizen. Und fasst dann am Schluss die Ergebnisse zusammen: »Ich werde Sie in den nächsten Wochen entlasten, indem ich die beiden Sitzungen zusammenlege. Sie machen sich einen Wochenplan, in den Sie als Erstes die Besuchstermine eintragen und dann alles andere darum gruppieren. Sie werden mit dem Kollegen X reden, der eine gute Methode entwickelt hat, Kundenbesuche zusammenzulegen.«

Dann fragt sie: »Glauben Sie, dass wir damit die größten Hindernisse aus dem Weg geräumt haben?« Herbert nickt: »Ja, so könnte es gehen.« Elisabeth: »Dann setzen wir uns in vier Wochen noch einmal zusammen und schauen uns an, was funktioniert hat und wo wir noch etwas verbessern können. Viel Erfolg!«

Statt zusammengefaltet geht der Mitarbeiter mit Hoffnung und Zuversicht aus dem Gespräch. Er hat nicht nur Verständnis für seine Situation bekommen – das allein wäre zu wenig –, sondern ganz klare Ansagen, was er ändern muss. Statt diffusem »Das geht so aber nicht weiter!« hat er ein hilfreiches »Versuchen Sie es so!«.

Coaching zum gelungenen Fehlermanagement:

- statt der Warum-Frage die Wie-Frage stellen
- keine Vorwürfe, sondern Konzepte
- von positiven Erfahrungen lernen
- konkrete Maßnahmen beschließen
- nach einiger Zeit kontrollieren, was funktioniert

In den mehr als 30 Jahren, in denen ich jetzt als Coach arbeite, habe ich mich bei manchen Klientinnen gefragt: »Was will dieser Mensch im Coaching? Er lebt prima, ist erfolgreich, tut die richtigen Dinge.« Und die Antwort wurde mir nach und nach immer wieder klar. Auch kluge, erfolgreiche, gut motivierte Menschen brauchen manchmal jemanden, der ihnen Mut macht: »Ja, das ist eine gute Idee. Ja, Sie sind auf dem richtigen Weg. Ja, ich glaube an Sie und Ihr Vorhaben.« Und dann geht es darum, gemeinsam Lösungen zu entwickeln.

Warum hat Coaching nichts mit Ratgeben zu tun? In der Bibel steht bereits die Auflösung, im Buch Sirach, 37. Kapitel – sie beginnt mit einer Warnung vor schlechten Rat-Gebern an naive Rat-Nehmer: »Jeder Ratgeber will raten, aber einige raten zu ihrem eignen Nutzen. Darum hüte dich vor dem Ratgeber: Überlege zuvor, was ihm nützlich sein kann, denn er denkt vielleicht daran, zu seinem Vorteil zu raten; lass ihn nicht über dich bestimmen, damit er nicht sagt: Du bist auf dem rechten Weg –, selbst aber beiseitesteht und achtgibt, wie es dir ergehen wird … Und bleibe bei dem, was dir dein Herz rät; denn du wirst keinen treueren Ratgeber finden. Denn mit seinem Herzen kann ein Mann oft mehr erkennen als sieben Wächter, die oben auf der Warte sitzen …«

Es geht also beim Coaching nicht darum, kluge Ratschläge zu geben, sondern dem anderen zu helfen, seine eigenen Lösungen zu finden. Und genau deshalb ist die Lebenserfahrung des Coachenden kein Hindernis, sondern praktische Ergänzung.

Nutzanwendung für Sie als Führungskraft

Wenn Sie Mitarbeiterinnen coachen, geben Sie ihnen keinen Rat und keine Lösungen vor. Seien Sie sicher: Die Mitarbeiterin, der Mitarbeiter kennt den eigenen Arbeitsplatz besser als Sie. Und außerdem wissen auch Sie, dass Ratschläge Schläge sind – meist ein Schlag ins Wasser. Was sollten also Führungskräfte beachten, wenn sie ihrer Verantwortung als Coach für ihre Mitarbeiter gerecht werden wollen?

Sie sollten mit Seele führen – und mit S.E.E.L.E. Das bedeutet, sich nicht auf Methoden und Techniken zu konzentrieren, sondern vor allem den Menschen in der Mitarbeiterin zu sehen, den Menschen hinter der Zielvorgabe, den Menschen hinter dem Auftrag.

S.E.E.L.E. steht aber auch für eine Grundeinstellung der Arbeit und den Mitarbeiterinnen gegenüber, es steht für:

- Sinn
- Emotionen
- Empathie
- Liebe
- Elan

Sinn: Die fehlende Sinnhaftigkeit ist für Mitarbeiterinnen vor allem in großen Unternehmen derzeit die größte Herausforderung. Diesen Sinn des Tuns wieder zu vermitteln, ist eine der wichtigsten Aufgaben von Führungskräften. Schon Friedrich Nietzsche schrieb: »Wer ein Warum fürs Leben hat, kann fast jedes Wie ertragen.« Also, zeigen Sie Menschen den Sinn des Tuns, dann entwickeln sie von selbst Motivation.

Emotionen: In Seminaren erlebe ich zunehmend eine abgrundtiefe Skepsis von Mitarbeiterinnen ihren Vorgesetzten gegenüber. Sie glauben ihnen schlichtweg nichts mehr. »Heute so, morgen so«, heißt die Devise in vielen Unternehmen, höre ich. Und meine Erfahrung: Autorität entsteht nur durch Aufrichtigkeit. Mitarbeiterinnen wären bereit, viel mehr mitzutragen, wenn sie das Gefühl hätten, dass ihnen die Wahrheit gesagt wird. Sie wollen nichts beschönigt und vertuscht haben, dann sind sie auch bereit, Verantwortung mitzutragen und sogar Einschränkungen in Kauf zu nehmen.

Empathie: Führungskräfte müssen begeistert sein, um begeistern zu können. Das heißt, positiv und präsent sein, sich dem aktiv widmen, was man gerade tut. Dazu gehört Empathie. Ich meine dabei die kognitive Empathie (die kann jeder lernen). Sie hilft dabei, sich vorstellen zu können, wie sich jemand fühlt. Also beispielsweise, wie sich jemand fühlen würde, den ich vor allen Kolleginnen runterputzen würde. Empathie führt beispielsweise zu einem klugen Fehlermanagement. Und hilft dabei, Fragen statt Statements zu stellen, statt »Wie konnten Sie nur!« lieber ein »Wie ist es dazu gekommen?«.

Liebe: Wer keine Menschen mag, sollte keine Führungskraft werden. Ich erlebe in Unternehmen einen eklatanten Mangel an Wertschätzung. Viele Mitarbeiterinnen fühlen sich missachtet und immer mehr leider auch verachtet. Oft werden die besten Spezialistinnen auf ihrem Gebiet zu Führungskräften gemacht. Leider meist, ohne ihnen auch Führungsqualität beizubringen. Wertschätzung, Akzeptanz, Respekt, Dankbarkeit. Außerdem gehört die Fähigkeit, gute Beziehungen zu Menschen aufzubauen, zu einer der wichtigsten Voraussetzungen für »Positive Leadership«.

Elan: Führungskräfte brauchen Mut zu klaren Absprachen und Regeln. In vielen Abteilungen oder Teams knirscht es, weil keine klaren Regeln aufgestellt werden, weil einige sich nicht daran halten oder sich auf Kosten der anderen Freiheiten herausnehmen. Wichtige Aufgabe einer Führungskraft ist es, solche Regeln zu verkünden und den Mut aufzubringen, dafür zu sorgen, dass sie auch eingehalten werden. Sonst droht Frustration bei den Bemühten. Das erfordert auch den Mut, sich die Regelverletzerinnen zu greifen und mit ihnen klare Verträge abzuschließen: »Ich erwarte von Ihnen …« Oder nach Mahatma Gandhi: »Sei du selbst die Veränderung, die du dir wünschst.«

In Managementseminaren werde ich immer wieder mal gefragt: »Was kann ich tun, um meine Mitarbeiterinnen zu motivieren?« Meine Standardantwort: »Vergessen Sie diese Frage. Hören Sie einfach auf, sie zu demotivieren, das würde schon völlig reichen.« Ich selbst war 25 Jahre lang Angestellte in verschiedenen Verlagen. Dort ist mir immer wieder aufgefallen, wie demotivierend mit Mitarbeiterinnen umgegangen wurde. Ein kleines Beispiel: Eine neue Chefredakteurin wird eingestellt. In der ersten gemeinsamen Konferenz würde ich erwarten, dass sie sagt: »Liebes Team, ich brauche eure Hilfe. Der Verleger ist unzufrieden mit der Auflage, mit dem Anzeigenerlös. Gemeinsam werden wir es schaffen, bessere Ergebnisse zu erzielen.«

Das haben die Chefredakteurinnen, die ich kennengelernt habe, aber nie gemacht. Sie kamen in die erste Konferenz und verkündeten: »Erstens: Urlaubssperre. Zweitens: Gehälter werden eingefroren. Drittens: Wir müssen von draußen mal richtig gute Leute holen.« Man kann sich vorstellen, wie alle Anwesenden sofort den inneren Griffel fallen ließen. Na, dann halt nicht.

Ich beobachte als Coach auch in den einzelnen Abteilungen diese Missachtung von Expertenwissen und Begeisterungsfähigkeit von Mitarbeiterinnen. Da treiben Vorgesetzte ihre Mitarbeiterinnen an, mehr zu leisten, wir nennen es »Push«, anstatt sie zu begeistern und mitzureißen, das nennt man »Pull«. Ziel aber muss es sein, eine Sogwirkung zu erzielen. Und es geht. Gute Führungskräfte schaffen es, dass sie und ihre Mitarbeiterinnen die Galeerenruder aus der Hand legen können und die Hände freibekommen, um aktiv zu gestalten.

Studien zeigen immer wieder: Menschen sind der Menschen größte Motivatoren. Mitarbeiterinnen möchten, gemeinsam mit anderen, gute Ergebnisse erzielen, Erfolgserlebnisse haben, stolz auf Geschaffenes sein. Mitarbeiterinnen brauchen Wertschätzung und das Gefühl, Teil eines wichtigen Ganzen zu sein – keine Nummern, die man möglichst auch bald noch wegrationalisiert. Menschen sind bereit, Höchstleistungen zu bringen, wenn man sie wie Menschen behandelt. Leider stecken sie auch auf, wenn man ihnen nur oft genug sagt: »Du bist völlig unwichtig.«

Die Begeisterungsfähigkeit von Mitarbeiterinnen lässt sich nutzen und ausbauen. Viele Unternehmen holen sich Beraterinnen ins Haus, um Veränderungen zu planen und umzusetzen. Was machen diese meist als Erstes? Sie befragen die Mitarbeiterinnen. Mein Tipp an Führungskräfte: Fragen Sie Ihre Leute doch gleich selbst. Nutzen Sie die Expertise, die Beobachtungsgabe und die Erfahrung Ihrer Mitarbeiterinnen! Die stehen an den Maschinen, sind Teil des Prozesses, kennen die Zahlen, haben Kontakt zu den Kundinnen und Lieferanten, wissen, wo es hakt und was zu verbessern wäre. Aber sie sagen es nur, wenn die Vorgesetzten es auch hören wollen und sie sicher sind, dass das Gesagte nicht ohne Beachtung zu finden in einer Schublade verschwindet.

Ein Slogan in Unternehmen heißt seit Jahren: »Mach deine Kundinnen glücklich!« Meine Erfahrung ist: »Mach deine Mitarbeiterinnen glücklich, dann werden auch deine Kundinnen glücklich!« Und was macht Mitarbeiterinnen glücklich? Anerkennung und Respekt, sprich Wertschätzung. Klingt einfach, ist es offensichtlich aber nicht. Manchmal muss man stark belastete, ja zeitlich oft überlastete Führungskräfte an die einfachsten Regeln erinnern:

- sich die Namen von Mitarbeiterinnen merken
- grüßen, wenn man in ein Büro kommt
- in E-Mails höflich sein
- pünktlich zu Konferenzen kommen
- zuhören, wenn Mitarbeiterinnen etwas sagen
- bei Mitarbeitergesprächen nicht »nebenbei« Handynachrichten lesen oder schreiben
- währenddessen keine E-Mails beantworten
- nicht einfach wortlos aufstehen und hinausgehen

Das weiß man doch, denken Sie? Warum machen es dann so viele falsch? Mut zur Menschlichkeit heißt die Devise. Begeistern statt erpressen. Das Beste aus den Menschen herausholen – sie sind bereit!

Vom »Push« zum »Pull«

Martin E. Seligman, der bereits zitierte Professor für Positive Psychologie, hat einige einfache, aber wertvolle Einsichten darüber zusammengestellt, wie Arbeits- und Leistungsmotivation aufgebaut wird:

Signaturstärken nutzen: Es gibt im Arbeitsleben eine eindeutige, klare Beziehung zwischen positiven Emotionen und hoher Produktivität, geringer Fluktuation und hoher Loyalität. Die persönlichen Fähigkeiten und Talente in der Arbeit ausüben zu können, löst positive Emotionen aus. Und das bringt eine hohe Selbstmotivation.

Ziele und Visionen entwickeln: Eine der größten Herausforderungen für Führungskräfte ist es, die Unternehmensziele auf die Zielsetzung der Abteilung und der einzelnen Mitarbeiterin umzusetzen. Ohne klare, erreichbare Ziele ist eine Mitarbeiterin nur mit halbem Tempo unterwegs.

Werte vorleben und leben: Autorität entsteht durch Authentizität. Nie waren Führungskräfte so wertvoll wie heute. Unsere gut gebildeten, intelligenten Mitarbeiterinnen schauen genau hin: Leben die Führungskräfte, was sie predigen?

Wachstum ermöglichen: Was ist die vornehmste Pflicht einer Führungskraft? Mitarbeiterinnen nicht nur Raum zu schaffen, damit sie ihr Bestes geben können. Sondern auch dafür, ihr Potenzial aktiv weiterzuentwickeln.

Wohlbefinden: Das Wort Geborgenheit gehört heutzutage leider noch nicht zur gängigen Managementausbildung. Das wird sich ändern müssen. In Zukunft werden die fähigsten Mitarbeiterinnen in das Unternehmen gehen, das ihnen den höchsten Wohlfühlfaktor bietet. Wo sie ein starkes Wir-Gefühl erleben und sich als wichtigen Teil einer Gemeinschaft fühlen können.

Mut zur Menschlichkeit heißt also, den Erfolgsfaktor Mensch wieder mehr in den Mittelpunkt zu rücken. Zu erinnern, dass Menschen Ideen und Lösungen generieren; dass Menschen von Menschen kaufen, die sie mögen. Dass ein starkes Wir-Gefühl Bestleistungen ermöglicht. Roboter brauchen vielleicht nur Strom, Menschen brauchen Menschen, die sie begeistern und motivieren, die sie fördern und fordern – und die sie achten können.

Positive Leadership

Der Begriff »Positive Leadership« geht auf Kim Cameron zurück. Er ist Professor für Management und Organisation an der Universität von Michigan und forscht seit Jahrzehnten zum Thema Positive Führung. 2019 hatte ich das große Glück, in Hamburg bei ihm eine Fortbildung machen zu können. Positive Leadership entstand aus validierter wissenschaftlicher Forschung und geht nach Cameron über alle bekannten Führungsmethoden hinaus.

Der Fokus liegt auf positiven Ergebnissen und Leistungen. Sie orientiert sich an Stärken, Optimismus und stärkender Kommunikation. Zugrunde liegt der Glaube an das Beste im Menschen. Die Positive Führung arbeitet dabei mit vier Strategien:

1. ein positives Klima schaffen
2. positive Beziehungen, Mitgefühl und Freundlichkeit fördern
3. positive Kommunikation mit Offenheit und Ehrlichkeit unterstützen
4. die positive Bedeutung und Sinnhaftigkeit in der Arbeit betonen

Dazu gehören nach Cameron Tugenden wie: nicht lügen, nicht betrügen, nicht schummeln. Er empfiehlt aber auch Begriffe, die im Management eher ungewöhnlich sind, wie »Vergebung«. Und er meint: »Positive Führungskräfte zielen darauf ab, Mitarbeiter und Organisationen zu spektakulären Ergebnissen zu verhelfen. Das geht über Effizienz erheblich hinaus.«

Wissenschaftlerinnen haben den heliotropen Effekt nachgewiesen: Alle lebenden Systeme haben den Trend zum Positiven – Pflanzen neigen sich zum Licht und Menschen entwickeln sich besser mit positiven Informationen. Die Psychologin Barbara Fredrickson hat bereits 2003 das »Broaden-and-Build«-Phänomen erforscht, nach dem Wohlgefühl optimales Denken, Ideenfinden und Handeln ermöglicht, während Stress grob gesagt blöd macht.

Dazu hat Cameron erforscht, dass gut geplante Mitarbeitergespräche wichtig sind: Selbst nach mehreren Komplimenten über gute Arbeit hat nämlich ein einziges negatives Feedback eine überproportionale Wirkung und als Ergebnis Demotivation.

Kim Cameron hat in Unternehmen beobachtet, dass sich negative Wörter vervielfacht haben: »Konkurrieren, bekämpfen, schlagen, angreifen, Krieg, Schlacht, Sieger und Verlierer …« Deshalb plädiert er für eine Abrüstung in der Sprache und setzt Menschlichkeit dagegen als das Gegenteil von Angst, Stress und Misstrauen.

Sehr ungewohnt in der Managersprache:

- mitfühlendes Verhalten
- positive Fehlerkultur
- Dankbarkeit

Nach Kim Cameron führen solche Qualitäten in den Unternehmen zu:

- Profit
- Produktivität
- Qualität
- Innovationen
- steigender Kundenzufriedenheit
- und einer höheren Mitarbeiterbindung

Auch in der Beziehung zu Kundinnen plädiert Cameron für Positivität. Wie äußert die sich? »In einem höheren Maß an Aufrichtigkeit, Fairness. Höflichkeit, Respekt und Dankbarkeit. Aufmerksamkeit, Wahrnehmung und Hilfsbereitschaft.«

Blick nach vorn

Zum Abschluss dieses Buches noch ein paar Bemerkungen: Jetzt wissen Sie, wie ich coache und wie inzwischen viele LOKC-Coaches arbeiten. Andere Kolleginnen mit anderen Ausbildungen machen es vielleicht etwas anders. Aber wie wir wissen, kommt es vor allem auf den Menschen, sprich auf die Art und die Qualität der Zuwendung an und dann erst auf die Methode.

Das von mir entwickelte Lösungsorientierte Kurzzeit-Coaching (LOKC) eignet sich besonders für Veränderungen, die fokussiert in kürzester Zeit umgesetzt werden sollen. Selbstreflektion und Erkenntnisgewinn sind Teil des Lösungsprozesses. Dieser Prozess ermöglicht Menschen den Blick nach vorn, lässt sie die eigene Zukunftsgestaltung (wieder) in die Hand nehmen. Ich glaube an die Kraft der Menschen, für sich selbst sorgen zu können. Ich befördere Selbstreflektion und Selbstwirksamkeit, die auch über den Coaching-Prozess weitertragen. Meine Überzeugung: Die edelste Aufgabe des Coaches ist es, sich so schnell wie möglich überflüssig zu machen.

Wenn ich Ihnen das Thema Coaching und die Umsetzung in unser aller Leben etwas näherbringen konnte, würde mich das sehr freuen. Ich bin überzeugt davon, dass es allen in unserer Gesellschaft besser gehen würde, wenn sich diese Coaching-Tools verbreiten und Menschen helfen würden, aus Kummer und Ärgernis, aus Mutlosigkeit und Verwirrung herauszukommen.

Menschen haben die Kraft, sich selbst zu helfen. Sie haben die Kreativität, auf gute Ideen zu kommen. Sie haben die Klugheit, ihre Ideen auch umzusetzen. Und sie haben genauso die Fähigkeit, andere Menschen auf ihrem Weg zu begleiten. Ja, Menschen können coachen. Was für eine wunderbare Erkenntnis!

Hinweise für professionelle Coaches

Sie haben in diesem Buch viele authentische Beispiele bekommen. Sie haben 35 erprobte Coaching-Tools aus meiner Praxis kennengelernt – nun können Sie nicht so tun, als hätten Sie nicht einiges davon längst im Kopf. Deshalb hier meine ausdrückliche Erlaubnis: Ja, Sie dürfen sich gern an der Asgodom-Tool-Bar bedienen. Probieren Sie die Techniken, die Ansätze, die Spiele aus, die Ihnen relevant erschienen sind, und bauen Sie sie gern in Ihren Coaching-Ansatz ein. Ich freue mich über Ihre Erfahrungsberichte (info@asgodom.de).

Meine einzige Bedingung: Wenn Sie die Tools publizieren, auch in Ausschnitten, auch in Schulungsunterlagen, müssen Sie mein Copyright beachten. Die Urheberrechte für die Tools, die ich entwickelt habe, liegen nach wie vor bei mir. Wenn Sie etwas davon zitieren, weisen Sie bitte auf die Quelle, nämlich dieses Buch, hin.

Hinweis für Coaching-Ausbilderinnen: Ich freue mich, wenn Sie von mir entwickelte Tools aus diesem Buch in Ihrer Ausbildung weitergeben (was bereits viele Ausbilderinnen tun) – bitte weisen Sie dabei auf das Lösungsorientierte Kurzzeit-Coaching (LOKC®) und auf meine Urheberschaft hin.

Und noch zwei Anregungen: Entwickeln Sie die Tools gern weiter, verändern Sie die Vorgehensweise oder den Namen. Lassen Sie sich auch zu eigenen Tools inspirieren. Greifen Sie in Ihre Erfahrungskiste, probieren Sie Ideen aus. Denken Sie an Analogien aus Hobbys oder Ihrem Erstberuf, aus dem Sport oder der Filmwelt. Bringen Sie Spaß in die Coachings!

So können Sie Coach werden

Haben Sie Interesse daran, professioneller Coach zu werden? Dann empfehle ich Ihnen, eine möglichst praxisnahe Coaching-Ausbildung zu suchen. Der Schwerpunkt dabei sollte das »Tun« sein, nicht das »Auswendiglernen«. Das heißt, suchen Sie sich eine Ausbildung, bei der Sie wirklich Coachen lernen. Das kann in Präsenzunterricht und in virtuellen Lehrgängen gleich gut vermittelt werden. Wichtig ist, dass Sie nicht nur beim Coachen zuschauen können, sondern auch selbst coachen und Feedback dazu bekommen. Denn nur verschiedene Kommunikationsmodelle auswendig zu lernen, macht trotz Zertifikat noch keinen guten Coach.

Andere Ausbilderinnen unterscheiden zwischen Life-Coach und Business-Coach. Wir machen in unserer Ausbildung keinen Unterschied, auch wenn die unterschiedlichen Anwendungsbereiche von Coaching natürlich eine Rolle spielen. Es kommt schon darauf an, ob Sie mehr fürs private Leben coachen wollen oder Berufstätige, Unternehmerinnen, Selbstständige bei beruflichen und/oder unternehmerischen Entscheidungen begleiten wollen. Wobei sich berufliche und private Themen in vielen Coachings sowieso vermischen.

Die Teilnehmerinnen unserer Coach-Ausbildung zum »LOKC® Practitioner« kommen aus allen Berufen, die mit Menschen zu tun haben, darunter sind Lehrerinnen, Führungskräfte, Angestellte, Erzieherinnen, Beraterinnen, Therapeutinnen, Pflegekräfte, Professorinnen, Anwältinnen, Unternehmerinnen … Was sie eint, ist die Überzeugung, dass Menschen selbst Lösungen für ihre Anliegen entwickeln können.

Fürs Business-Coaching brauchen Sie selbst Erfahrungen aus Unternehmen. Das heißt, Sie sollten selbst mehrere Jahre in Hierarchien gearbeitet haben und wissen, welche ungeschriebenen Gesetze dort herrschen. Wenn Sie höhere Führungskräfte, vielleicht sogar Vorstände coachen wollen, ist eine frühere Tätigkeit in einer Führungsposition unabdingbar.

Studentinnen, die sich fürs Coaching interessieren, rate ich grundsätzlich, erst einmal Berufserfahrung in einem Unternehmen zu sammeln – und damit auch Lebenserfahrung. Denn wichtiger als alle Tools und Methoden ist der Mensch, der andere auf dem Weg zu Lösungen begleitet. Er braucht ein gewisses Maß an »Standing«, also eine klare Haltung zum Leben, er braucht Rückgrat und Gelassenheit.

Fragen Sie Anbieterinnen von Coaching-Ausbildungen, wie lange sie selbst in Unternehmen bzw. in einer Führungsposition gearbeitet und wie viele Jahre Erfahrung sie als Coach haben. Fragen Sie auch, wie deren Haltung zum Leben ist und welches Menschenbild sie haben. Vergleichen Sie die Antworten mit Ihren eigenen Erfahrungen.

Was sich nach meiner Erfahrung bewährt hat, ist, das Coaching zumindest zu Beginn nebenberuflich anzubieten. Es braucht eine Zeit, um sich einen Namen als Coach zu machen und Klientinnen zu erreichen. Die meisten Coaches, die ich kenne, bieten neben dieser Tätigkeit noch andere Dienstleistungen an, wie Trainings, Beratung, Seminare, Online-Kurse, Vorträge …

Ich bin darüber hinaus davon überzeugt: Die besten Coaches sind die, die nicht vom Coaching allein leben müssen. Sie haben die Freiheit, Coachings abzulehnen, die für sie nicht passen würden. Sie brauchen niemanden zu überzeugen, dass er unbedingt ein Coaching braucht, und möglichst ein vielstündiges. Freiheit ist ein hohes Gut.

Wofür sich Ausbildungen und die Arbeit als Coach nicht eignen: eigene seelische Verwerfungen dadurch klären zu wollen.

Wer mit sich selbst im Unreinen ist, wer sich das selbst nicht zutraut, was er anderen vermittelt, ist nach meiner Meinung fürs Coaching nicht geeignet. Deshalb ist Ältersein nicht etwa ein Hinderungsgrund, Coach zu werden, sondern eine sehr gute Voraussetzung, sich als Coach selbstständig zu machen. Lebenserfahrung und eine gewisse Ausgeglichenheit sind höchst nützlich.

Alle Informationen zu unserer Ausbildung im Lösungsorientierten Kurzzeit-Coaching (LOKC®) finden Sie unter www.asgodom.de. Unsere Ausbildung, die zweimal im Jahr startet, findet an fünf Wochenenden je dreitägig virtuell statt. Begleitet wird sie von Studienbriefen mit Hintergrundinformationen. Dazwischen sind Peergroup-Treffen und möglichst viele Übungscoachings gefordert. Unterstützung bekommen die Teilnehmerinnen in unserer WhatsApp-Gruppe sowie in Einzelgesprächen.

Da die Verantwortung, die wir Coaches in unserer Arbeit haben, immens ist, haben wir seit Beginn unserer Coaching-Ausbildung eine Coachingethik aufgestellt, die alle von uns ausgebildeten Coaches unterschreiben.

Asgodom-Coaching-Ethik

»Zertifizierte Asgodom Coaches« und »LOKC® Practitioner«, die Lösungsorientiertes Kurzzeit-Coaching LOKC® praktizieren, setzen sich hohe ethische Maßstäbe. Coaching ist eine seit Menschengedenken praktizierte Form der Lösungsfindung, auch wenn es diesen Fachbegriff dafür lange nicht gegeben hat. Coaching hebt sich durch besondere Fähigkeiten und Grundregeln der Kommunikation von anderen Gesprächen ab. Die Lösungssuchenden werden begleitet, um eine für sie stimmige Lösung zu finden, die sie mit ihren persönlichkeitseigenen Ressourcen umsetzen können. Dabei liegt das Augenmerk auf der Berücksichtigung des Gemeinsinns, menschenfeindliche Manipulationsstrategien lehnen wir ab.

Lösungsorientiertes Kurzzeit-Coaching LOKC®

LOKC® ist angewandte Positive Psychologie und deshalb klientenzentriert und stärken-fokussiert. Grundlagen sind Achtsamkeit und Wertschätzung. LOKC® hilft auf dieser Grundlage Menschen bei der Suche nach Antworten auf Lebensfragen und befähigt sie, ihre eigenen Lösungen zu entwickeln und umzusetzen. Dabei liegt die Zielsetzung der Arbeit auf den Stärken und der Energie der Klienten. LOKC® Practitioner helfen ihren Klientinnen, den von ihnen gewählten Lösungsweg freiwillig zu gehen. Lösungsorientiertes Kurzzeit-Coaching basiert auf der gleichen Augenhöhe zwischen Coach und Klientin.

Verantwortung

LOKC® Practitioner gehen verantwortungsvoll mit ihrem Einfluss um. Sie bereiten sich sorgfältig vor, sammeln relevante Informationen vor dem Coaching und halten sich an den gemeinsam festgelegten Zeitplan. Die Coaches setzen ihre ganze Kraft in die Begleitung ihrer Klientinnen, versprechen aber keine Ergebnisse. Alle Informationen aus dem Coaching bleiben vertraulich. Coaches sehen die eigenen Grenzen und setzen auf die Selbstverantwortung ihrer Klientinnen. Coaches ermöglichen ihren Klientinnen durch Fragen und Reflexion, durch kreative Methoden und das Anstoßen von Ideen, Lösungen zu finden. Das Coaching-Ziel ist die Stärkung der Klientinnen. Zwischen Coach und Klientin wird vor dem Coaching ein rechtsgültiger Vertrag geschlossen. Er regelt die Dauer und die Kosten des Coachings.

Qualitätsmanagement

LOKC® Practitioner stellen sich in den Dienst der Klientinnen, reflektieren ihr Handeln und holen sich ihrerseits fachliches Feedback/Supervision. Coaches handeln nach bestem Wissen und Gewissen, nicht allein nach gelernten Methoden. Ihre Offenheit, Kreativität und Intuition ist gefragt. Ihre Persönlichkeit ist ein starker Faktor des Coaching-Erfolgs, sie setzen die gelernten und/oder selbstentwickelten Methoden nach Notwendigkeit und Situation ein. Zur Qualitätssicherung und -verbesserung pflegen sie den fachlichen Austausch mit Kolleginnen und Lehrcoaches und bilden sich fort.

Ansehen der LOKC® Practitioner

LOKC® Practitioner lehnen die Methoden und Techniken nach L. Ron Hubbard ab und versichern, keine Mitglieder der »Scientology Kirche« oder irgendeiner ihrer Organisationen zu sein. Alle LOKC® Practitioner unterlassen darüber hinaus jede Handlung, die dem Ansehen des Zertifikats schaden könnte. Sie dürfen redlich mit dem Zertifikat werben, wenn sie die Zertifizierungsbedingungen erfüllen. Ihre Klientinnen können sie als Referenz nutzen, wenn sie diese vorher gefragt und eine schriftliche Zustimmung bekommen haben.

Dankbarkeit macht glücklich

Das haben die Wissenschaftler der Positiven Psychologie herausgefunden. Und zwar macht Dankbarkeit nicht nur den glücklich, bei dem sich jemand bedankt, sondern vor allem den, der dankbar ist. Deshalb hier noch einige Zeilen zum Glück.

Ich hätte dieses Buch so nicht schreiben können ohne die Unterstützung, den wissenschaftlichen Input, die Ermutigung und Klugheit meines Mannes, Diplom-Psychologe Siegfried Brockert, der im November 2023 verstorben ist. In vielen Gesprächen habe ich ihm meine Art des Coachens erklärt und das hat der Klärung in meinem Kopf sehr geholfen: Was mache ich da, warum mache ich das so und warum funktioniert es? Ihm verdanke ich es auch, dass ich die Positive Psychologie kennengelernt und Weiterbildungen bei den bekanntesten Psychologen dieser Zunft genossen habe, von Martin E. Seligman über Robert Biswas-Diener bis Philip Streit und Joachim Bauer.

Ich bedanke mich bei meinen Coaching-Klientinnen und -Klienten, mit denen ich seit mehr als 30 Jahren erleben darf, wie beglückend die Begleitung von Menschen auf dem Weg zu ihrer Lösung ist, und für die vielen Praxisbeispiele, die ich natürlich so verändert habe, dass sie nicht zu identifizieren sind.

Ich danke Karin Stuhldreier, der Programmleiterin des Kösel-Verlags, die die Idee für eine überarbeitete, erweiterte Neuauflage dieses Klassikers begeistert aufgenommen hat, sowie meinem Lektor Gerhard Plachta, der mich mit Akribie und großer Geduld bei der Überarbeitung dieses Buches begleitet hat.

Und ich bedanke mich bei meinen beiden Kindern, Bilen und Semhar Asgodom, die mich seit vielen Jahren beruflich begleiten und meine Methode weiterführen.

Weiterführende Literatur

Asgodom, Sabine, u. a.: *Die Frau, die ihr Gehalt mal eben verdoppelt hat … 25 verblüffende Coaching-Geschichten*, München: Kösel, 4. Auflage 2011

Asgodom, Sabine: *70 Aha-Momente zum Glücklichsein*, München: Gräfe & Unzer, 2023

Ben-Shahar, Tal: *Happiness Studies. An Introduction*, Cham: Palgrave Macmillan 2021

Ben-Shahar, Tal: *Glücklicher. Lebensfreude, Vergnügen und Sinn finden mit dem populärsten Dozenten der Harvard University*, München: Goldmann 2010

Biswas-Diener, Robert: *Positive Provocation. 25 questions to elevate your coaching practice*, Oakland/CA: Berrett-Koehler Publishers, Inc. 2023

Biswas-Diener, Robert; Dean, Ben: *Positive Psychology Coaching. Putting the Science of Happiness to Work for Your Clients*, Hoboken/NJ: John Wiley & Sons 2007

Biswas-Diener, Robert; Dean, Ben: *Practicing Positive Psychology Coaching. Assessment, Activities and Strategies for Success*, Hoboken/NJ: John Wiley & Sons 2010

Blickhan, Daniela: *Positive Psychologie und Coaching. Von der Lösungs- zur Wachstumsorientierung*, Paderborn: Junfermann Verlag 2021

Bock, Petra: *Mindfuck. Warum wir uns selbst sabotieren und was wir dagegen tun können*, München: Knaur, 15. Auflage 2011

Cameron, Kim: *Practicing Positive Leadership. Tools and Techniques That Create Extraordinary Results*, Berrett-Koehler Publisher 2013

Cramer, Gunnar; Furuholmen, Dag: *Ich coache mich selbst! Das Erfolgstraining gegen Stress, Angst und andere Belastungen. Der Ratgeber für ein selbstbewussteres Leben*, München: Humboldt, 3. Auflage 2010

Czichos, Reiner: *Leistung durch Coaching. Mitarbeiterführung in einer virtuellen Arbeitswelt*, Freiburg: Haufe 2014

Czichos, Reiner: *Coaching = Leistung durch Führung*, München: Ernst Reinhardt, 3. Auflage 2002

Erickson, Milton H.: *Die Lehrgeschichten von Milton H. Erickson*, Salzhausen: *Iskopress* (Nachdruck) 2006

Goldsmith, Marshall: *Was Sie hierher gebracht hat, wird Sie nicht weiterbringen. Wie erfolgreiche Menschen noch mehr erreichen*, München: FinanzBuch Verlag 2022

Hormann, John: *Future Work. Signale für das Leben im 3. Jahrtausend*, Wiesbaden: Universum, 2., vollständig überarbeitete Auflage 1998

Heller, Jutta, u. a.: *Digitale Medien im Coaching. Grundlagen und Praxiswissen zu Coaching-Plattformen und digitalen Coaching-Formaten*, Wiesbaden: Springer 2017

Köhler, Tanja: *Vorwärts heißt zurück zu mir. Aufbruch in ein selbstbestimmtes Leben. Coaching-Methoden für Frauen in der Lebensmitte*, München: Kösel 2023

Koller, Christine; Mol, Katarzyna (Hrsg.): *In mir steckt noch viel mehr. 21 Profis zeigen, wie Sie Ihr Potenzial nutzen. Das Coaching-Handbuch*, München: Kösel 2011

Koller, Christine; Rieß, Stefan (Hrsg.): *Jetzt nehme ich mein Leben in die Hand. 21 Coaching-Profis verraten ihre effektivsten Strategien*, München: Kösel, 4. Auflage 2011

Landsberg, Max: *Das Tao des Coachings. Effizienz und Erfolg durch meisterhafte Führung*, Frankfurt/Main: Campus 1998 (antiquarisch erhältlich)

Lindner, Erik: *Coachingwahn. Wie wir uns hemmungslos optimieren lassen*, Berlin: Econ 2011

Linley, P. Alex; Harrington, Susan; Garcea, Nicola: *Oxford Handbook of Positive Psychology and Work*, Oxford: Oxford University Press 2010

Luciani, Joseph J.: *The Power of Self Coaching. The Five Essential Steps to Creating the Life You Want*, Hoboken/NJ: John Wiley & Sons 2004

Mangelsdorf, Judith: *Positive Psychologie im Coaching. Positive Coaching für Coaches, Berater und Therapeuten*, Wiesbaden: Springer essentials 2020

Messerschmidt, Jasmin: *Das Selbst im Bild. Eine empirische Studie zum Einsatz von Bildmaterialien zur Förderung von Selbstreflexions- und Selbstveränderungsprozessen im Einzelcoaching*, Frankfurt/Main: Peter Lang 2015

Middendorf, Jörg: *Lösungsorientiertes Coaching. Kurzzeit-Coaching für die Praxis*, Wiesbaden: Springer essentials, 2. Auflage 2019

Miedaner, Talane: *Coach dich selbst, sonst coacht dich keiner. 101 Tipps zur Verwirklichung Ihrer beruflichen und privaten Ziele*, München: mvg, 2013

Migge, Björn: *Handbuch Coaching und Beratung*, Weinheim: Beltz, 5., überarbeitete Auflage 2023

Rauen, Christopher (Hrsg.): *Handbuch Coaching*, Göttingen: Hogrefe Verlag, 4., vollständig überarbeitete und erweiterte Auflage 2021

Rogers, Carl C.; Stevens, Barry: *Von Mensch zu Mensch. Möglichkeiten, sich und anderen zu begegnen*, BoD – Books on Demand, 2016

Rogers, Carl R.: *Die nicht-direktive Beratung*, Frankfurt/Main: Fischer-TB, 13. Auflage 1985

Rose, Nico: *Management Coaching und Positive Psychologie*, Freiburg: Haufe 2021

Schermuly, Carsten: *Erfolgreiches Business-Coaching. Positive Wirkungen, unerwünschte Nebenwirkungen und vermeidbare Abbrüche*, Weinheim: Beltz 2019

Schley, Vera; Schley, Wilfried: *Handbuch Kollegiales Teamcoaching. Systemische Beratung in Aktion*, Innsbruck: StudienVerlag 2010

Schlieper-Damrich, Ralph (Hrsg.): *Wertecoaching in Krisen. Aus erschütternden Situationen sinnvoll aufbrechen*, Bonn: ManagerSeminare 2011

Seligman, Martin E.: *Flourish. Wie Menschen aufblühen. Die Positive Psychologie des gelingenden Lebens*, München: Kösel, 7. Auflage 2023

Siegel, Ronald D.: *The Mindfulness Solution. Everyday Practices for Everyday Problems*, New York: The Guilford Press 2010

Volk, Theresia; Lienhart, Andrea: *100 Impulse für Coaches. Bewährtes und Inspirierendes aus der Praxis*, Freiburg: Haufe 2023

Wehrle, Martin: *Die 100 besten Coaching-Übungen: Das große Workbook für Einsteiger und Profis zur Entwicklung der eigenen Coaching-Fähigkeiten*, Bonn: managerSeminare Verlag, 13. Auflage 2023

Wellensiek, Sylvia Kéré: *Handbuch Integrales Coaching*, Weinheim: Beltz 2020

Witt-Bartsch, Angela; Becker, Thomas: *Coaching im Unternehmen*, Freiburg: Haufe 2010

Tools und weitere Empfehlungen

Asgodom, Sabine: Motivationsraster, www.asgodom.de/produkt/motivationsraster/, abgerufen am 26.02.2024, 12:15 Uhr

Blog »Positive Acorn«, https://positiveacorn.com/blog/, abgerufen am 26.02.2024, 12:16 Uhr

Points of You: Faces (Concept and product development: Efrat Shani), www.asgodom.de/produkt/faces/, abgerufen am 26.02.2024, 12:14 Uhr

Positive Leadership Tools: Stärkenkarten, https://www.positiveleadership-tools.com/st%C3%A4rkenkarten/#cc-m-product-14313464127, abgerufen am 21.02.2024, 14:08 Uhr

Winkler, Simone: Coaching – Der Film, www.coaching-film.de, abgerufen am 21.02.2024, 14:22 Uhr